A Schenk

Clavulariiden, Xeniiden und Alcyoniiden von Ternate

A Schenk

Clavulariiden, Xeniiden und Alcyoniiden von Ternate

ISBN/EAN: 9783743695238

Hergestellt in Europa, USA, Kanada, Australien, Japan

Cover: Foto ©berggeist007 / pixelio.de

Weitere Bücher finden Sie auf **www.hansebooks.com**

Clavulariiden, Xeniiden und Alcyoniiden
von Ternate

A. Schenk.

MIT DREI TAFELN.

Abdruck aus

Kükenthal, Ergebnisse einer zoologischen Forschungsreise in den Molukken
und in Borneo.

—·—

Abhandlungen der Senckenbergischen naturforschenden Gesellschaft. Band XXIII, Heft 1.

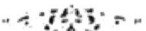

FRANKFURT A. M.
IN KOMMISSION BEI MORITZ DIESTERWEG.
1896.

Clavulariiden, Xeniiden und Alcyoniiden von Ternate.

Von

A. Schenk (Lausanne).

Litteratur.

Linné, Systema Naturae. ed. X.

Esper, Die Pflanzentiere, Nürnberg 1791—1797.

Lamarck, Histoire naturelle des animaux sans vertèbres, Paris 1816. T. II.

Schweigger, Beobachten auf Reisen, Berlin 1819.

Savigny, T. C., Description de l'Égypte, 1817.

Lamouroux, Exposition méthodique des genres de l'ordre des Polypiers, 1821.

Audouin, V., Explication sommaire des planches de polypes de l'Égypte et de la Syrie, publiées par T. C. Savigny, Paris 1828.

Quoy et Gaimard, Voyage de l'Astrolabe, Zoophytes, Paris 1833.

Lesson, Illustrations de Zoologie, Paris 1831.

Duperrey, Voyage autour du Monde sur la corvette la Coquille, Zoophytes, 1830—38.

Ehrenberg, Die Korallentiere des Roten Meeres, 1834.

Blainville, Manuel d'Actinologie, Paris 1834.

Dana, Zoophytes, Philadelphia 1846.

Johnston, G., History of British Zoophytes, 1847.

Stimpson, Descriptions of some of the new Marine Invertebrata from the Chinese and Japanese Seas, Proc. Acad. Philad. Nat. Sc., May and June 1855.

Milne-Edwards et Haime, Histoire naturelle des Coralliaires, V. I., Paris 1856.

Sars, M., Fauna littoralis norvegicae, Part. II.

Sars, M., Bidrag til kundskaben om Middelhavets Littoral-Fauna, Reisebemaerkninger tra Italien.

Duchassaing et Michelotti, Sur les Coralliaires des Antilles. Mem. della R. Acad. d. Torin. II. tom. XIX., 1860.

Verrill, A., List of the Polyps and Corals etc. in: Bullet. Mus. Comp. Zoology, Harvard College, Cambridge 1864.

Kölliker, A., Icones histologicae, 1865.

Verrill, A., Synopsis of the Polyps and Corals of the North-Pacific Exploring Expedition, Proc., Essex Institute, 1865.

Kölliker, A., Bemerkungen etc. in Verh. Phys. Med. Gesellschaft in Wurzburg. 1867.

Verrill, A., Notes on Radiata, Trans. Connecticut Acad., Vol. I, 1868.

Verrill, A., Critical Remarks on the Halcyonoid Polyps in the Museum of Yale College. Am. J. Sc. 1868.

Gray, J. E., Notes on the fleshy Alcyonoid corals, in: Ann. and Magazin Nat. Hist., Vol. III (4 Ser.), 1869.

Gray, J. E., Alcyonoid corals and sponges from the Gulf of Suez collected by R. M. Andrew in 1868, in: Ann. and Mag. Nat. Hist., Vol. X (4 Ser.), 1872.

Targioni-Tozzetti, A., Nota intorno ad alcune forme di Alcionari e di Gorgonacei etc., in Atti Soc. Ital. Scienze Nat., Vol. XV, Milano 1872.

Verrill, A., Radiata from the Coast of North Carolina, Am. J. Sc., 1872.

Kölliker, A., Festschrift der Physikal. Med. Gesellschaft in Wurzburg, 1874, p. 17.

Verrill, A., Results of recent Dredging Expedition on the Coast of New-England. Am. J. Sci. (Se. 3), Vol. 7, 1874.

Haeckel, E., Arabische Korallen, Berlin 1875.

Klunzinger, Die Korallentiere des Roten Meeres, Berlin 1877.

Studer, Th., Über d. Anthozoen Alcyonaria, w. während d. Reise S. M. S. „Gazelle" ges. w., in: Monatsschr. Preuß. Akad. Wissensch. a. d. J. 1878, Berlin 1879.

Bruggemann, F., Corals, in: An account of the petrologic, botanic and zoologic collections made in Kerguelen's Land and Rodriguez, in: Philosoph. Trans. Roy. Soc. London, Vol. 168, 1879.

Moseley, H. N., Report on certain Hydroids, Alcyonarians and Madreporan Corals procured during the Voyage of H. M. S. Challenger, in: Zool. Chall. Exp., Part VII, 1881.

Koch, G. von, Anatomie der Clavularia prolifera n. sp. nebst einigen vergleichenden Bemerkungen, Morphol. Jahrb., Vol. VII, p. 467, 1882.

Ridley, S. O., The Coral-fauna of Ceylon in: Ann. and Mag. Nat. Hist., (5 Ser.) Vol. XI, 1883.

Koren, Joh og D. C. Danielssen, Nye Alcyonid. Gorgonid. og Pennatulid. tilhörende Norges Fauna, Bergen 1883.

Hickson, S. J., On the ciliated Groove (Siphonoglyphe) in the Stomodaeum of the Alcyonarians, Phil. Tr., 1883.

Hickson, S. J., The Structure and Relations of Tubipora, Q. J. Mier. Sc., 1883.

Kowalewsky, A. et Marion. A. F., Documents pour l'étude embryogénique des Alcyonaires, Annales du Musée de Marseille, Vol. 1, Mémoire 1890.

Hickson, S. J., Preliminary Notes on certain Zoological Observations, P. R. S., 1886.

Studer, Th., Note préliminaire sur les Alcyonaires provenant des campagnes du Yacht l'Hirondelle. Mém. Soc. Zool., IV, pt. 2., 1886—88.

Grieg, James A., To nye Cornularider fra den Norske Kyst, Bergens Museum, No. 3, 1887.

Koch, G. von, Die Gorgoniden des Golfes von Neapel, 1887.

Koren and Danielssen, Norske Nordhavs-Expedition, Alcyonida, 1887.

Haacke, W., Zur Physiologie der Anthozoen, Zoologischer Garten, Jahrg. 27, p. 281.

Studer, Th., Archiv für Naturgeschichte. 53, Vol. I, 1887.

Wright, P. and Studer, Th., Report on the Alcyonaria collected by H. M. S. Challenger, Zoology XXXI, 1889.

Koch, G. von, Kleinere Mitteilungen über Anthozoen, Morphol. Jahrb., XVI, 1890.

Herdmann, W. A., On the Structure of Sarcodictyon, Proceedings Roy. Soc. Edinb., VIII, 1890.

Koch, G. von, Die Alcyonacea des Golfes von Neapel, Mitteilungen aus der Zoologischen Station Neapel, Vol. IX, 1891.

Hickson, S. J., A Revision of the Genera of the Alcyonaria Stolonifera, with a Description of one new Genus and several new Species, Transact. Zoological Society, London, Vol. XIII, Part 9, 1891.

Studer, Th., Note préliminaire sur les Alcyonaires, Bulletin of the Museum of Comparative Zoology, Harvard College, Vol. XXV, No. 5, 1894.

Studer, Th., Alcyonarien aus der Sammlung des Naturhistorischen Museums in Lübeck, Mitteilungen der Geograph. Gesellschaft und des Naturhistorischen Museums in Lübeck, II. Ser., Heft 7 und 8, 1894.

Von Herrn Professor W. Kükenthal wurde mir ein Teil der Ausbeute an Alcyonarien, die er in den Jahren 1893—94 auf Ternate gesammelt hatte, zur Bearbeitung anvertraut, und zwar waren es die drei Familien der *Clavulariidae*, *Xeniidae* und *Alcyoniidae*, die ich behandelt habe.

Der größere Teil der zur Bearbeitung herangezogenen Exemplare war mit kochendem Sublimat fixiert und in Alkohol konserviert worden, ein kleinerer Teil in Formol (Blum) eingelegt. Die letzteren Exemplare waren ganz ausgezeichnet in Form und Färbung erhalten.

Familie Clavulariidae.

Cornulariadae Dana, Zoophytes, p. 627; Kölliker, Icones histologicae, pt. II, p. 131.

Cornularinae et Telestinae Milne-Edwards, Hist. nat. des Coralliaires, T. I, p. 104

Cornulariidae Verrill, Proc. Essex Inst., Vol. IV, p. 148.

Cornularinae Klunzinger, Korall. des Roten Meeres, I, p. 32

Cornulariden von Koch, Skelet der Alcyonarien, Morphol. Jahrb., Bd. IV, p. 474.

Cornulariidae Wright and Studer, Report on the Alcyonaria collected by H. M. S. Challenger during the years 1873—76.

Clavulariida Hickson, Revision of the Alcyonaria Stolonifera.

Die Familie der *Clavulariidae (Cornulariidae* Dana) enthält Alcyonarien, deren Polypen sich auf einer membranösen Basis oder auf kriechenden Stolonen erheben. Die Polypen sind immer vollständig frei, ausgenommen an ihrer Basis, wo sie manchmal fest aneinander stehen. Manchmal können sie auch durch transversale Stolonen verbunden sein, wie zum Beispiel bei der *Clavularia viridis* Quoy et Gaimard. Dieser Umstand erlaubt uns eine Verwandtschaft zwischen dieser Familie und der der *Tubiporidae* anzunehmen.

Das Skelett der *Clavulariidae* besteht aus zusammenhängenden Kalkspicula oder aus einer hornigen Substanz; manchmal fehlen jedoch die Spicula und die hornige Membran (*Clavul. reptans* Hickson; *Clavul. australiensis* Hickson).

Die Polypen sind gewöhnlich nicht vollständig retraktil.

Hickson teilt in seinem letzten Werk (Revision of the genera of the Alcyonaria) die Familie der *Clavulariidae* in 4 Gattungen ein:

44

1. *Cornularia*; 2. *Clavularia*; 3. *Sympodium*; 4. *Stereosoma*, und er fügt ihnen die fossile Gattung *Syringopora* bei.

Die Gattung *Cornularia* Lamarck enthält Kolonien von freien, nur durch wurzelförmige Stolonen verbundenen Polypen. Die Spicula fehlen vollständig und die Polypenwände sind durch eine hornige Substanz rigid und steif.

Die Gattung *Clavularia* Quoy et Gaimard enthält Polypenkolonien, die entweder auf kriechenden und verzweigten Stolonen oder auf einer Basalmembran ruhen. Die Spicula sind gewöhnlich vorhanden und die Polypen sind niemals vollständig retractil.

Hickson stellt zahlreiche Beziehungen zwischen Arten der Gattungen *Rhizoxenia* Ehrenberg, *Sarcodyction* Forbes, *Anthelia* Savigny, *Gymnosarca* S. Kent, *Cornulariella* Verrill und *Cyatopelium* Verrill, mit denen der Gattung *Clavularia* fest und zählt sie alle zu der letzteren unter dem Namen *Clavularia*.

Die Gattung *Sympodium* Ehrenberg ist charakteristisch durch eine ziemlich dicke Membranbasis, auf der sich kurze, vollständig retractile Polypen erheben, die tief im Innern der Membranbasis untereinander im Zusammenhange stehen. Die Spicula sind klein und discoid.

Die erst vor kurzem von Hickson aufgestellte Gattung *Stereosoma* unterscheidet sich von der Gattung *Clavularia* in zwei Punkten: in der Unfähigkeit, die Tentakeln zusammenzuziehen und dem großen Raum zwischen den Pinnulae. Die Spicula bilden dichte Klumpen.

Ich glaube nicht, daß die Fähigkeit der Tentakeln, sich zusammenzuziehen, ein so wichtiges Merkmal ist, um eine neue Gattung darauf zu basieren, da die Kontraktionsfähigkeit der Polypen und der Tentakeln sehr verschieden bei der Gattung *Clavularia* ist. Übrigens sind bei unserer neuen Art *Clavularia teuthorn* die Tentakeln und die Polypenkörper vollständig ausgestreckt, und doch gehört sie durch ihre Merkmale zur Gattung *Clavularia*. In der Gestalt ihrer Spicula gleicht sie ganz besonders der *Clavularia garciae* Hickson; sie unterscheidet sich jedoch durch die Länge der Polypenkörper und der Tentakeln, durch ihre Dicke, durch die sehr schwachen Längsfurchen sowie durch die unbedeutenden Zwischenräume, welche die Polypen von einander trennen. Die bis jetzt zur Familie der Cornulariiden gezählten Gattungen *Telesto* Lamouroux, *Coelogorgia* Milne-Edwards, *Scleranthelia* Studer, *Erythropodium* Kölliker, *Pseudogorgia* Kölliker, *Anthopodium* Verrill und *Callipodium* Verrill sind zu sehr verschieden von den vier oben beschriebenen Gattungen, als daß wir sie in der Familie der Clavulariiden behalten könnten.

Gattung *Clavularia* Quoy et Gaimard.

Clavularia Quoy et Gaimard: Blainville, Dict. Sci. Nat., Vol. IX, p. 149, 1830.
  Milne-Edwards et Haime, Dist. méthod. Polyp. fossiles des Terrains paléozoïques, p. 188.
  Hist. nat. des Corall.
  Studer, Alcyon der Gazelle.
  Duchassaing et Michelotti, Corall. des Antilles.
  Kölliker; von Koch; Wright and Studer; Hickson.

Die der Gattung *Clavularia* angehörigen Arten sind ziemlich zahlreich und ihre geographische Verbreitung ist sehr grofs. Die Polypenkolonien werden von kriechenden, gewöhnlich cylindrischen und verzweigten Stolonen oder von einer dünnen Basalmembran getragen, in deren Innerem die Ernährungskanäle sich befinden.

Die Polypen sind manchmal sehr zahlreich und stehen eng bei einander, zuweilen aber stehen sie vereinzelt und sind alsdann niemals vollständig eingezogen. Ihre Körpergröfse schwankt zwischen 3—50 mm und ihr oberes Ende ist öfters kelchförmig.

Die Tentakeln haben gewöhnlich lange Pinnulae, die ebenso oft wie die Kelchpartie in das Innere des Polypenkörpers gezogen werden können; dieser ist bald weich, bald steif oder rauh, und häufig mit zahlreichen und grofsen spindelförmigen und stacheligen Spicula versehen. Oft sind die Spicula kurz und rechtwinkelig und mit kleinen Rauheiten bedeckt. Die äufsere Fläche des Polypenkörpers ist ab und zu von acht tiefen Furchen durchzogen, die acht abgerundete Längsrippen bilden.

Wright and Studer haben in ihrem „Report on the Alcyonaria" die Gattung *Clavularia* in zwei Untergattungen geteilt: *Membranipola* und *Stolonifera*, indem die Polypen sich entweder auf einer Basalmembran oder auf kriechenden Stolonen erheben. Diese Einteilung kann nicht aufrecht erhalten werden, denn es kommt vor, dafs Polypen von derselben Art auf beide verschiedene Weisen verbunden sind, wie z. B. unsere neue Art *Clavularia ternatana*.

Die Anwesenheit der Stolonen oder der Basalmembran hängt von gewissen Lebensbedingungen ab und kann deshalb nicht als spezifisches Merkmal betrachtet werden. Die vorliegende Sammlung enthält drei Arten der Gattung *Clavularia*, die sämtlich neu sind.

Clavularia ternatana n. sp.

Auf einer dünnen, häutigen Basis erheben sich zahlreiche, eng aneinander gedrängte Polypen, die zwischen ihrer Basis oft keinerlei freien Raum übrig lassen. Sie sind im allgemeinen verlängert, von verschiedener Dicke, manchmal steif, manchmal in sich selbst zusammengebogen. Ihre Tentakeln sind lang und eng und tragen zahlreiche lange und schlanke Pinnulae. Von den vier Exemplaren, welche die Sammlung aufweist, hat das größte eine Basalmembran, die 30 mm in der Länge und 20 mm in der größten Breite mißt. Ihre Dicke beträgt 1—2 mm und ihre untere Fläche sieht höckerig aus, da sie auf sandigem Boden aufgelagert gewesen ist. Die Oberfläche ist vollständig mit Polypen bedeckt, die ebenso durch ihre Form, als auch durch ihre Ausdehnung bemerkenswert sind. Die größten messen bis 30 mm in der Länge und sind nicht steif; sie liegen übereinander, manchmal ein wenig gebogen und zusammengekrümmt. Ihr unteres Ende ist 4—6 mm dick, bis zu einer Höhe von 8—9 mm, wo sie sich gewöhnlich plötzlich wieder aufrichten und dann nur 2 mm dick sind; hierauf verbreitern sie sich wieder von neuem bis an das obere Ende, das eine Dicke von 3—4 mm erreicht und einen außerordentlich scharfen und harten, abgerundeten Teil bildet, während sie an ihrer Basis sehr weich und flach sind. Doch giebt es auch Polypen, die überall längs ihres Körpers nur 2 mm dick sind. Der Polypenkörper wird in seiner ganzen Länge von schwachen Furchen durchzogen, die mit dem Ausgangspunkte der Tentakeln korrespondieren. Der Raum zwischen den Polypen schließt ganz junge Knospen ein, die noch nicht mit allen Tentakeln versehen und nur 0,5—1 mm lang und 0,5 mm dick sind; diese Knospen sind viel zahlreicher auf dem äußeren Rand der Basalmembran als im Inneren der Kolonie. Bei den Polypen von Maximalgröße erreichen die nicht zurückziehbaren Tentakeln eine Länge von 12 mm; sie sind sehr schlank und oft wie die Arme eines Haarsternes ausgebreitet, haben eine sich gleich bleibende Breite von 0,5 mm und tragen auf ihren Längsrändern eine unregelmäßige Reihe schlanker, 2—3 mm langer Pinnulae, 35—40 auf einer Reihe. Zwei andere, kleinere Exemplare messen an ihrer Basis nur 20 mm in der Länge und 10 mm und 15 mm in der Breite. Bei diesen beiden Exemplaren sind die Polypen ein wenig kürzer, als bei dem vorigen und messen nur 10—15 mm; aber sie sind dafür dicker, ihre Tentakeln haben nur 4—6 mm Länge. Ein viertes Exemplar endlich besitzt eine Basalmembran, die 60 mm lang und nur 5 mm breit ist.

Die Kalkspicula sind außerordentlich klein und sehr zahlreich. Sie gleichen sich sehr untereinander und haben die Gestalt von kleinen 0,057 mm langen und 0,015 mm breiten Stäben. Sie stehen nach allen Richtungen hin, bedecken vollständig den Polypenkörper und sind auch in den Tentakeln bis zum äußersten Ende der Pinnulae vorhanden; dort sind sie übrigens etwas weniger zahlreich. Auf der Innenfläche des Tentakels stehen sie sehr vereinzelt, auf der Außenfläche dagegen in großer Zahl. Ihre Oberfläche ist nicht glatt und regelmäßig, sondern hat ganz kleine, spitze Rauhigkeiten.

Die Farbe des grofsen Exemplares ist im Weingeist gelblich-grau, doch sind die Polypen ein wenig dunkler an ihrem unteren Ende. Die Farbe der Tentakeln schwankt zwischen gelblich-grau und braun. Bei den anderen Exemplaren ist die Farbe etwas heller.

Die Kolonie besteht aus langen und dicken Polypen, die von einem stolonenbildenden, verzweigten Teil getragen und von ausgespreizten, schlanken Tentakeln mit feinen Pinnulae gekrönt werden. Die Polypen stehen sehr nahe bei einander.

In der Sammlung befindet sich ein einziges stolonenbildendes Exemplar von der eben beschriebenen Form. Der Unterschied zwischen ihm und dem membranbildenden besteht ausschliefslich in der vollständigen Abwesenheit der Membran. Die Polypen werden von Stolonen getragen, die 4 mm dick und auf Überresten von Ascidien befestigt sind. Aufserdem finden sich junge Stolonen, die noch keine Polypen tragen. Die Polypen erheben sich auf dem oberen Teil und an den Seiten des sprossenden Hauptteiles. Sie sind verschieden grofs, die gröfsten erreichen eine Länge von 15 mm und an ihrem oberen Teil eine Breite von 3—4 mm bei gleicher Form wie die vorher beschriebenen. Die nicht zurückziehbaren Tentakeln sind bis 10 mm lang, 1 mm dick und auf jeder Seite mit einer Reihe langer und schlanker Pinnulae besetzt. Die Polypen stehen nicht eng bei einander wie bei den vorher beschriebenen Exemplaren, aber sie wachsen in einer Entfernung von 3—4 mm; zwischen diesen Polypen entwickeln sich einige junge Knospen. Ich habe bei diesem Exemplar junge Polypen gefunden, die schon eine Länge von 6 mm und eine Breite von 1,5 mm hatten, und deren Tentakeln noch vollständig von Pinnulae entblöst waren.

Die Kalkspicula sind aufserordentlich zahlreich, stehen eng bei einander in Gestalt kleiner Stäbchen, sind einander sehr ähnlich und auf dieselbe Weise verteilt wie bei den vorhergehenden Exemplaren. Sie haben auch die gleiche Gröfse, sind auf der ganzen Oberfläche des Polypen verteilt und tragen so zu seinem rauhen Aussehen bei. Auch in den Tentakeln befinden sie sich und gehen bis zum äufsersten Ende der Pinnulae.

Die Farbe der Kolonie ist im Weingeist grau-hellbräunlich; der Haupt-Wurzelsprofs hat dieselbe Farbe. Die Farbe der Tentakeln ist ein wenig dunkler; die der jungen Sprossen ist grünlich-gelb.

Es ist augenscheinlich, dafs dieses Exemplar, das Polypen und Tentakeln besitzt, die ganz denen der mit Basalmembran versehenen gleichen, mit derselben Gestalt und derselben Gröfse der Spicula und einer identischen Farbe, als einfache Varietät der vorher besprochenen Art betrachtet werden mufs, die, nach Art ihrer Befestigung, Stolonen an Stelle einer Basalmembran besitzt.

Auf einer breiten und dünnen, auf einem Steine befestigten, bindehäutigen Basis erheben sich zahlreiche lange und weiche, eng bei einander wachsende Polypen. Ihr Körper mißt 15—20 mm in seiner ganzen Länge. Die Tentakeln sind nicht sehr dick und messen 8—10 mm in der Länge. Die Pinnulae sind lang und schlank und stehen in einer Reihe auf jeder Seite des Tentakels.

Die Kalkspicula sind vollständig denen der vorher beschriebenen Exemplare ähnlich.

Die Farbe im Weingeist ist dunkelgrau für die Basis des Polypenkörpers, hellgrau für die obere Region und die Tentakeln.

Clavularia inflata n. sp.

Auf einer häutigen, engen und ziemlich dünnen Basis erheben sich Polypen, die in einer gewissen Entfernung von einander wachsen. Ihr Körper ist bald gerade, bald ein wenig in sich selbst zurückgebogen und in der oberen Region aufgequollen, manchmal auch vollkommen cylindrisch. Sie sind ganz steif, messen 6—15 mm in der Länge und schwanken in der Breite zwischen 4—5 mm. Der obere Teil des Polypen ist 3—4 mm lang und hat die Form eines Kelches, der von 8 tiefen Furchen durchzogen ist. Der Raum zwischen 2 Furchen endet an seinem freien Ende in einer Spitze. Dieser Teil ist wie die Tentakeln nicht immer im Inneren des Polypenkörpers zusammengezogen.

Die Tentakeln sind kurz, ziemlich dick und werden von 17—20 langen, cylindrischen Pinnulae besetzt. Die Fläche des Polypenkörpers zeigt helle Längslinien, die parallel neben einander herlaufen und von der Stellung der Spicula herrühren. Die Polypen erheben sich auf einer engen Membran, die verzweigt und mit einer Spongie verbunden ist; sie stehen gewöhnlich in Zwischenräumen von 3—4 mm. Die Membran, welche die Polypen zusammenhält, ist nur 3—4 mm breit und 20—30 mm lang.

In den Pinnulae sind die Kalkspicula von verschiedener Größe: die einen sind verlängert, gerade oder ein wenig zurückgebogen, die anderen sind viel kürzer und haben eine sehr verlängerte, ovale Form. Andere haben die Gestalt von kleinen, kreisrunden Scheiben; diese letzteren sind am zahlreichsten und umgeben die größeren, die sich in der Axe der Pinnulae befinden. Die scheibenförmigen Körperchen sind im Durchmesser 0,008 mm groß; die ovalen messen 0,03—0,04 mm in der Länge, bei einer Breite von 0,01—0,012 mm, und die größten haben eine Länge von 0,075—0,085 mm, eine Breite von 0,01—0,012 mm.

Wie die Pinnulae enthält auch die Axe der Tentakeln lange, einfache Spicula, die 0,28 bis 0,3 mm lang und 0,02–0,03 mm breit sind. Die Spicula, die sie umgeben, sind denen ähnlich, die ich in den Pinnulae beschrieben habe. Der kelchförmige Teil des Polypenkörpers besitzt lange, einfache, ganz glatte Spiculae, die der Länge nach in jeder Abteilung des Kelches stehen. Am unteren Teil des Kelches stehen die Spicula „en chevron". Diese Spicula haben eine Länge von 0,95–1 mm und eine Dicke von 0,04 bis 0,06 mm; sie sind leicht gebogen. Die Spicula von der Wand des Polypenkörpers sind sehr groß und stark, aneinander gedrängt und keinen freien Raum lassend. Sie sind nicht mehr einfach wie die vorhergehenden, aber immer spindelförmig und manchmal an ihren beiden Enden gabelförmig, manchmal nur an einem Ende. Ihre Oberfläche ist mit kleinen Wärzchen bedeckt, die in der Länge 1,4–1,8 mm und in ihrer bedeutendsten Breite 0,115 bis 0,13 mm messen. In der Membran findet man dieselben Spicula von 0,076–0,095 mm Dicke wieder.

Die Farbe der Polypen ist im Weingeist gelblich-grau; ihre Basis ist gewöhnlich etwas dunkler, während die Tentakeln und die Pinnulae weiß gefärbt sind.

Clavularia aspera n. sp.

Von dieser Art liegt nur ein einziges Exemplar vor, das aus zwei dicken und großen Polypen besteht, die dicht bei einander auf einer engen Membran ihren Ursprung nehmen. Der kelchförmige Teil und die Tentakeln sind vollständig im Innern des Polypenkörpers zusammengezogen. Letzterer wird vom freien Ende bis zur Mitte seiner Länge von 8 breiten und tiefen Furchen durchzogen. Die Polypen messen 10 und 17 mm in der Länge und sind in ihrer größten Breite 7 und 8 mm dick. Ihr Körper verdünnt sich von der Basis bis zum freien Ende.

Die Kalkkörperchen sind außerordentlich groß, zahlreich und stehen eng bei einander. Sie bilden auf der Fläche des Polypenkörpers eine förmliche Kalkwand. Die Kalkkörperchen von der Basis der Polypen und der Membran sind weiß und haben die Gestalt von geraden oder etwas gebogenen Stäben, die an ihren Enden dünner und von kleinen, runden oder spitzen Wärzchen in ihrer Mittelregion bedeckt sind. Diese Körperchen messen im Mittel 0,38–2 mm in der Länge und haben eine Dicke, die zwischen 0,067–0,247 mm schwankt. Die kleinen Wärzchen können eine Länge von 0,08 mm und eine Dicke von 0,029 mm erreichen. An den großen Spicula giebt es 22–30 solcher Wärzchen auf jeder Reihe; diese

Reihen sind mehr oder weniger regelmäfsig und 8—10 stehen auf einem Kalkkörperchen. Die Kalkkörperchen der Wand des Polypenkörpers sind kleiner; sie behalten im allgemeinen dieselbe Gestalt wie die der Basis. Ihre Wärzchen sind weniger zahlreich und dicker im Verhältnis zu ihrer Gröfse, aber verhältnismäfsig gröfser als die vorher beschriebenen Spicula. Sie messen in der Länge 0,323—0,703 mm und sind 0,057—0,075 mm dick; oft sind die kürzesten die dicksten.

Die Farbe im Weingeist ist braun; etwas dunkler sind die Membran und die Basis des Polypenkörpers.

Familie Xeniidae.

Xenia Ehrenberg. Dieser vereinigt Xenia, Anthelia und Rhizoxenia, desgleichen Dana.
Xeniidae Verrill, Proc. Essex Inst., Vol. IV, No. 5, 1865, p. 148.
Xeniidae Gray, Ann. and Mag. Nat. Hist., 1869, Ser. 3, Vol. IV, p. 443.
Xeniidae Studer, Versuch eines Systemes der Alcyonaria, Archiv für Naturgeschichte, 53. Band I.
Xeniidae Wright and Studer, Report on the Alcyonaria collected by H. M. S. Challenger during the years 1873—76, Zoology Vol. XXXI.

Die erste Art der Gattung *Xenia*, aus dem Roten Meere stammend, wurde 1816 von Savigny als *Xenia umbellata* beschrieben. Lamarck giebt die Diagnose einer anderen Art, die er X. *purpurea* (*Alcyonium floridum* Esper) nennt, und die Blainville später als *Neptea florida* bezeichnete; diese Art gehört indessen zur Gattung *Spongodes*. Im Jahre 1819 giebt Schweigger eine neue Beschreibung von X. *umbellata* und von *Alcyonium spongiosum* Esper, die er unter dem Namen X. *esperi* vereinigt; diese Art, von Lamarck *Anmothea phalloides* genannt, gehört der Gattung *Xenia* also nicht an. Einige Jahre später geben Quoy et Gaimard in ihrer „Zoophytologie de l'Astrolabe" unter dem Namen von *Cornularia multipinnata* die Diagnose einer Xenia-Art, welche dieselbe zu sein scheint, wie die, für welche Valenciennes die Gattung *Cespitularia* schuf. Sie schreiben: „*Cornularia* ramosa, mollissima, pallida; lobis crassis, obtusis; polypis numerosis, pediculatis; tentaculis vito, laciniis tectis." Ferner beschreiben sie unter dem Namen *Cornularia viridis* eine neue Xenia-Art, die Lesson *Actinanthe florida* nannte, und die nichts anderes als X. *florida* Dana ist. Die Diagnose, die Quoy et Gaimard davon geben, ist folgende: „*Cornularia*, explanata, indivisa, molle, albidolutescente; polypis confluentibus, pediculatis, regulariter laciniatis; laciniis virescentibus." Quoy et Gaimard führen schon bei diesem Exemplare die Anwesenheit von kleinen Polypen an, deren Tentakeln nicht mit Pinnulae versehen sind; sie sind geneigt zu glauben, daß diese kleinen Polypen junge Individuen sind, die noch nicht ihr vollständiges Wachstum erreicht haben.

Ehrenberg macht uns in seinem Werke „Die Korallentiere des Roten Meeres" mit *X. fuscescens* und einer *X. umbellata* ähnlichen, aber kleineren neuen Art bekannt, die er mit dem Namen *X. coccinea* bezeichnet. Im Jahre 1848 beschreibt Dana noch zwei neue Arten, die er mit den Namen *X. florida* und *X. elongata* bezeichnet. Die von Sars unter dem Namen *X. indica* beschriebene Art kann nicht zu dieser Familie gezählt werden, schon wegen der Gestalt ihrer Spicula. Im Jahre 1860 geben Duchassaing et Michelotti in ihrer Arbeit über die Korallentiere der Antillen die Beschreibung von zwei neuen Alcyonarien. Sie zählen sie zur Gattung *Xenia* unter dem Namen *Xenia caribaeorum* und *Xenia capitata*. Sie beschreiben diese beiden Arten folgendermaßen:

Xenia caribaeorum. „Ce polypieroïde qui se montre sous forme de membrane encroûtante a une couleur violet foncé, et les polypes ont la même couleur, mais plus claire. Les tentacules sont presque cylindriques et pectinés sur les bords; lorsque les polypes se contractent, ils rentrent complètement dans leurs loges qui ont toujours leurs bords en saillie, quel que soit le degré de contraction des animaux."

Xenia capitata. „Cette espèce qui s'étend en lames aboutissant en petites massines est garnie de cellules à peine révélées. Les polypes sont longs de deux lignes et d'un violet clair; les tentacules ont une forme lancéolée et sont aigus à leur extrémité et rétractiles comme ceux de l'espèce précédente."

Diese Beschreibungen lassen erkennen, daß beide Formen nicht zu *Xenia* gehören. Die Gattung *Xenia* ist charakterisiert durch die Anwesenheit eines sterilen, stammförmigen Basalteiles, der manchmal an seinem unteren Ende eine enge und dünne Basis besitzt, auf der sich niemals die Polypen erheben. Auch sind die Tentakeln und der Polypenkörper der Gattung *Xenia* niemals retractil. Der Polypenkörper kann sich wohl mehr oder weniger zusammenziehen, geht jedoch niemals vollständig in das Innere des oberen Teiles des Coenenchyms des Stammes, welcher die Polypen trägt, zurück.

Kölliker hat daher mit Recht für diese beiden Species eine neue Gattung *Erythropodium* geschaffen, und auch ich möchte sie dabei belassen, entgegen der Ansicht Hicksons („A Revision of the Genera of the Alcyonaria Stolonifera"), der sie wieder zu *Xenia* zieht.

Kölliker spricht im Jahre 1865 in seinen „Icones histologicae" von einer neuen, auf Samoa gefundenen Art, die sich durch ihre Kalkkörperchen auszeichnet, und der er keinen Namen giebt. Studer hat diese Art auf der Expedition der „Gazelle" wieder gefunden und sie *N. samoensis* genannt.

Im Jahre 1874 schuf Kölliker die Gattung *Heteroxenia*, die sich durch die große Anzahl kleiner heteromorpher Polypen, denen er den Namen „Zooïde" gab, von den übrigen Xeniiden unterscheiden sollte. „*Heteroxenia*", sagt Kölliker, „steht der Gattung *Xenia* unter den Alcyoniden Milne-Edwards so nahe, daß man mit Grund im Zweifel sein kann, ob sie von dieser Gattung zu trennen sei, indem der einzige wesentliche Unterschied beider in dem Vorkommen von zweierlei Individuen, geschlechtslosen unentwickelten oder Zooïden und Geschlechtstieren, bei *Heteroxenia* besteht, während die Gattung *Xenia* nur einerlei Individuen besitzt."

„Die Zooïde nehmen auf der Endscheibe des Stockes alle Zwischenräume zwischen den Geschlechtstieren ein und finden sich somit, da sie viel schmaler sind als diese, in viel größerer Zahl. Ihre Länge beträgt 3,5 mm im Mittel, doch kommt auch hier viel auf den Grad der Kontraktion an, und messen einzelne erschlaffte Individuen bis zu 7 und 8 mm. Die Breite der Zooïde beträgt am freien Ende, wo sie am dicksten sind, 0,7—1,0 mm und was ihre sonstigen Eigentümlichkeiten anlangt, so sind sie im ganzen warzenförmig oder keulenförmig und besitzen am freien Ende eine von 8 kurzen einfachen Tentakeln umgebene Mundspalte."

„Die Geschlechtstiere sind groß, im ausgedehnten Zustande 40—55 mm lang, in kurzen Abständen stehend, am Rande der Scheibe kleiner. Fühler ¼—½ mal so lang als die Polypenleiber mit 4 Reihen Fiederblättchen an jeder Seite. Kalkkörper von der Beschaffenheit derer von Xenia, im Innern des Stockes spärlich, reichlich im Ectoderma vor allem der beiderlei Polypen."

Als Klunzinger die Xeniiden des Roten Meeres studierte, fand er auch ganz kleine Polypen an *N. umbellata*, zweifelt aber, ob diese kurzen knospenartigen Polypen wirklich eine heteromorphe Form oder nur einfache Knospen seien. Er läßt die Frage unentschieden, neigt aber doch viel mehr der Ansicht zu, daß sie nur junge, unentwickelte Polypen seien. In einer anderen Art. *N. fuscescens* Ehrenb., findet er diese kurzen, knospenartigen Polypen wieder, aber in viel beträchtlicherer Anzahl zwischen vollständig entwickelten, weshalb er diese Art sehr ähnlich der *Heteroxenia* findet. „Sie scheinen sich", sagt Klunzinger, „nicht zu vollkommenen Polypen zu entwickeln, sondern bleiben in dem knospenartigen Zustand mit kurzen, einfachen, meist eingeschlagenen Tentakelchen. Sie sind 1—2 mm lang, ½ mm breit. Sie sind viel zahlreicher als die gröfseren Polypen, ihre Gestalt ist cylindrisch oder keulenförmig, schlank.“

Ich glaube, dafs diese von Kölliker beschriebenen Zooide nichts anderes als junge, noch nicht vollständig entwickelte Polypen sind, nur verhältnismäfsig etwas kleiner als die, welche Klunzinger von *X. fuscescens* beschrieben hat. Die von Kölliker beschriebene Art ist vollständig der *X. fuscescens* Ehrenb. ähnlich, sie unterscheidet sich davon nur durch die bedeutendere Gröfse der Polypenkörper und durch die Disposition der Pinnulae, die in vier regelmäfsigen Reihen auf jeder Seite der Mittellinie der Tentakeln stehen. Ich stelle daher die Art *Heteroxenia elisabethae* neben *X. fuscescens* in meiner I. Untergattung auf unter dem Namen *X. elisabethae* Kölliker.

W. Haacke, der in der Torresstrafse Xeniiden beobachtet hat, sagt, dafs die kleinen, scheinbar rudimentären Polypen nichts als jugendliche Polypenknospen sind, da er alle Übergangsstadien zwischen ihnen und den Hauptpolypen in Menge beobachten konnte (W. Haacke, Zur Physiologie der Anthozoen, Zoologischer Garten, Jhrg. XXVII, p. 284). Er schlofs daraus, dafs es keine heteromorphe Form der Polypen in der Familie der Xenien giebt. Die neuen Arten, die mir zur Verfügung standen, bestätigen Haackes Ansicht.

Ich habe junge Knospen gefunden, deren Tentakeln noch vollständig glatt und an ihrem Ende abgerundet sind, bis zu Stadien mit vollkommen entwickelten Pinnulae, die sich zuerst als einfache Wärzchen anlegen. Von *Xenia viridis* n. sp. habe ich vier verschiedene Stadien der Polypenentwickelung abgebildet.

Die Familie der *Xeniidae* enthält Kolonien von nicht zurückziehbaren Polypen, die sich an der Oberfläche eines oft konvexen, stammförmigen, immer sterilen, einfachen oder geteilten cylindrischen Basalteiles erheben, der sich nach seinem oberen Teil hin verbreitert. Diese Polypen sind meist zahlreich, eng aneinander gedrängt, ziemlich lang und von acht Tentakeln gekrönt. Die Tentakeln tragen immer auf ihrer Innenseite mehrere Reihen ziemlich langer und zahlreicher Pinnulae, die häufig durch kurze Wärzchen ersetzt werden. Die Polypen sind oft ein wenig zusammengezogen, ihr Körper ist stets von einer aufserordentlichen Weichheit.

Das Coenenchym der Basis ist sehr dick und enthält in seinem Innern ein System von Kanälen, die untereinander verbunden sind; gewöhnlich ist das Coenenchym weich und etwas elastisch.

Die Kalkspicula sind kleine, runde oder ovale, sehr zahlreiche Scheiben, die meistens eng aneinander gedrängt und gleichmäßig auf der ganzen Kolonie verteilt sind. Ihr Durchmesser schwankt zwischen 0,01 mm und 0,025 mm. Kölliker hat ihre Gestalt mit der der Blutkörperchen des Menschen verglichen.[1]

Die Xenien vervielfältigen sich durch die lappenförmigen Basalfortsätze ebensowohl als durch ein seitliches Knospensystem. Bei allen Arten finden wir junge Knospen, teils auf dem äußeren Rand der Kolonie, teils auf dem inneren, zwischen den vollständig entwickelten Polypen, wo sie aber viel seltener sind. Diese jungen Knospen zeigen sich uns in verschiedenen Stadien des Wachstums. Ich habe sie in allen Arten und in allen Übergangsstadien gefunden. Heteromorphismus fehlt also.

Die Kolonien erreichen niemals sehr große Ausdehnungen und leben gewöhnlich auf Korallenzweigen.

Gattung *Xenia* Savigny.

Savigny (apud Lamarck), Hist. nat. des animeaux sans vertèbres, T. II, p. 406, 1816, Paris; Schweigger, Beobachtungen auf Reisen, p. 94—98, Berlin 1819; Blainville, Actinologie, p. 523 und 682; Ehrenberg, Korallent. des Roten Meeres, p. 53; Dana, Report on Zoophytes; Milne-Edwards et Haim, Hist. nat. des Coralliaires; Kölliker, Icones histologicae; Klunzinger, Korallent. d. Roten Meeres, p. 39, 1877, Berlin; Wright and Studer, *Actinantha Lyssan*; *Cornularia* Quoy et Gaim, Voyage de l'Astrolabe, T. IV, p. 265, Zoophytes, pl. 22, Fig. 2; Kölliker, *Heterocrnia*, Festschrift der Physik-med. Gesellsch. in Würzburg, 1874, p. 12—17, Taf. II, Fig. 7, 8.

Da die Zahl der Arten der Gattung *Xenia* beträchtlich angewachsen ist, sehen wir uns genötigt, ein Klassifikations-System aufzustellen. Im Gegensatze zu demjenigen, das schon für die meisten anderen Alcyonarien besteht, können wir uns nicht auf die Gestalt und die Verteilung der Kalkspicula beziehen, da deren Form fast unveränderlich und ihre Verteilung in allen Arten ungefähr die gleiche ist. Die Größe der Polypen, ihre Bauart.

[1] Diese Gestalt der Kalkspicula der *Xeniidae* nötigt uns, die von Sars unter dem Namen *Xenia* anderen beschriebene Art aus Neapel, die zahlreiche nadel- und spindelförmige Spicula besitzt, davon zu trennen.

ihre Zahl bieten uns auch keinen spezifischen und beständigen Charakter, da ihre Gestalt selbst bei derselben Kolonie verschieden sein kann. Die Gestalt des Stammes ist noch unbeständiger als die der vorher besprochenen Teile; wir haben in der That bald cylindrische Stiele oder dicke, einfache, gelappte oder vollständig geteilte Stämme, deren einzelne Teile durch eine einfache Basalmembran mit einander verbunden sind. Es ist also nötig, nach einem festen und unveränderlichen Merkmal zu suchen. Dieses habe ich in der Größe, in der Gestalt und in der Anordnung der Pinnulae auf der Innenfläche der Tentakeln gefunden und stelle daraufhin drei Untergattungen auf. Alle bekannten Arten können in eine dieser Unterabteilungen eingereiht werden. Die Pinnulae sind entweder mehr oder weniger gestreckte, dicke, schlanke, cylindrische oder konische Verlängerungen oder bald kurze, kleine, abgerundete, bald etwas konische Wärzchen. In beiden Fällen kommen sie in regelmäßigen Reihen auf jeder Seite der Mittellinie des Tentakels stehen, indem sie diesen bis zur Hälfte oder in seiner ganzen Länge frei lassen, oder unregelmäßig auf der ganzen Innenfläche des Tentakels zerstreut sein. Von Pinnulae hat jede Art eine ganz bestimmte Anzahl auf jeder Reihe. Es kann auch vorkommen, daß alle Polypen derselben Kolonie Tentakeln tragen, die beide Pinnulaeformen aufweisen. In diesem Falle sitzen die kleinen Wärzchen auf der Basis des Tentakels und verlängern sich nach und nach, je mehr sie sich dem oberen Ende nahern; in dieser Region sind sie eigentliche Pinnulae geworden, die in ihrer Größe schwanken, schlank oder dick, gewöhnlich aber spitz sind.

Ich habe also die drei folgenden Untergattungen geschaffen:

I. Xeniiden mit langen Pinnulae auf der ganzen Länge des Tentakels.

II. Auf jedem Tentakel stehen zwei Arten von Pinnulae, an der Basis sind sie kurz und warzenartig, am oberen Ende langgestreckt.

III. Die langen Pinnulae fehlen vollkommen und an ihrer Stelle ist die ganze Innenseite des Tentakels mit Wärzchen besetzt.

Wir stellen jetzt eine Tabelle auf, die den Fundort sämtlicher bekannten Arten sowohl als auch die Gestalt ihrer Pinnulae und die Namen der Autoren, die sie beschrieben haben, angiebt.

Speciesname	Habitat	Form der Pinnulae	Autoren
Xenia umbellata	Rotes Meer	Pinnulae	Savigny
X. fuscescens	„		Ehrenberg
X. coerulea			„
X. multipinnata			
= *Cavernularia multipinnata*	Tonga		Quoy et Gaimard
= *Cespitularia*			
X. florida	Fidji-Inseln		Dana, Quoy et Gaimard
= *Cespitularia viridis*			
= *Actinautha florida*	Neu-Irland, Neu-Hannover	Warzchen	Lesson
X. elongata	Amboina	„	Dana
X. samoensis	Samoa, Mataken	Pinnulae	Kölliker, Studer
X. elisabethae			
= *Heteroxenia elisabethae*	Port Denison	„	Kölliker
X. crassa	Ternate et Molukken	„	Schenk
X. fusca			
X. membranacea		„	
X. viridis	„	Pinnulae, Warzchen	
X. trentana			„
X. blumei	„	„ „	
X. plicata	„	Warzchen	
X. rubens			

1. Untergattung.

Diese Untergattung wird charakterisiert durch das Vorhandensein der Pinnulae auf der ganzen inneren Längsseite des Tentakels. Die meisten Arten von *Xenia* gehören hierher.

Diese Pinnulae können mehr oder weniger verlängert, schlank und spitz, dick oder konisch sein. Sie können in regelmäßigen Reihen, gewöhnlich drei auf jeder Seite der Mittellinie des Tentakels, gewachsen sein, indem sie diesen bis zu seinem Ende frei lassen;

der freie Raum besteht nur bis zur Hälfte der Achse, oder die Innenfläche ist ganz mit Pinnulae bedeckt.

Diese Untergattung enthält die folgenden Arten:

1. *Xenia umbellata* Savigny.

Savigny, Description de l'Égypte, tab. I, Fig. 3; Blainville, Actinologie, p. 523; Lamouroux, Exposition méthodique des polypes, p. 69; Schweigger, Beob. auf Reisen, p. 94, Taf. V, Fig. 48—50; Ehrenberg, Korallentiere, p. 125; Kölliker, Icones histologicae, p. 134, Taf. 12, Fig. 12, und Festschr. der Physik.-med. Gesellsch. in Würzb, 1874, p. 17; Gray, Ann. Mag. Nat. Hist., 1869, p. 126; Haeckel, Arab. Korall., p. 44, Taf. I, Fig. 8; Klunzinger, Korallentiere des Roten Meeres, p. 39, Taf. III, Fig. 5.

Auf jeder Seite der Mittellinie des Tentakels stehen lange und sehr schlanke Pinnulae in drei bis vier unregelmäßigen Reihen, die Achse des Tentakels ist in ihrer ganzen Länge frei.

Basalteil der Kolonie zylindrisch, glatt, schlank, länger als breit und mehr oder weniger verzweigt. Die schlanken Tentakeln tragen 12—15 Pinnulae auf jeder Reihe.

Farbe hellgrau, weiß, graublau oder gelblich.

2. *Xenia fuscescens* Ehrenberg.

Ehrenberg, Korall., p. 54; Dana, Zoophytes, p. 605; Milne-Edwards et Haime, Coral., I, 126; Gray l, cit, 126; vergleiche *Heteroxenia elisabethae* Kölliker, Festschr. der Physik.-Med. Ges. Würzb., p. 12 bis 17, Taf. II, Fig. 7—8; Klunzinger, Korall., Taf. III, Fig. 4.

Die Pinnulae gleichen denen der vorhergehenden Art, die kurzen, „knospenartigen" Polypen" sind sehr zahlreich.

Der Basalteil der Kolonie ist gewöhnlich dick, nach oben hin ein wenig verbreitert, weniger hoch als breit, oft von Glockenform.

Tentakeln mit 2 oder 3 Reihen langer und schlanker Pinnulae auf jeder Seite der Mittellinie.

Die Farbe ist hellgrau oder weiß.

3. *Xenia coerulea* Ehrenberg.

Ehrenberg, Korall., p. 54; Gray l, cit. 126; Klunzinger, Korall., p. 44.

Diese Art ist nach Klunzinger nur eine Varietät von *X. umbellata*, eine „Varietät minor".

Pinnulae lang und schlank an den Tentakeln in 2—3 Reihen.

4. *Xenia samoensis* Kölliker.

Kölliker, Icones histologicae; Studer, Über d. Anthozoa *Alcyonaria*, w. während d. Reise S. M. S. „Gazelle" g. w., p. 22.

Der Stamm dieser *Xenia* ist breit, mit breiter Basis aufgewachsen, weich und spaltet sich in zwei kurze, dicke Äste, welche die 1 cm langen, zahlreichen Polypen tragen.

Die Tentakeln sind bis in die Pinnulae dicht erfüllt mit den eigentümlichen, blutkörperchenartigen Kalkkörpern. Matuku, Fidji-Inseln, Samoa.

5. *Xenia elisabethae, Heteroxenia elisabethae* Kölliker.

Pinnulae in 4 Reihen auf jeder Seite der Mittellinie; Tentakeln $^1/_4$—$^1/_2$ mal so lang als die Polypenleiber. Die kurzen „knospenartigen Polypen" sehr zahlreich.

Beschreibung der neuen Arten.

6. *Xenia crassa* n. sp.

Kurze, dicke, konische Pinnulae in drei unregelmäßigen Reihen auf jeder Seite der Mittellinie des Tentakels stehend. Sie lassen die Achse nicht in ihrer ganzen Länge frei.

Basalteil der Kolonie in Form eines Stammes, der nach oben etwas verbreitert, aber ungeteilt ist.

Die Polypen stehen auf einer stark convexen Oberfläche, sind dick, grofs, zahlreich und stehen daher eng bei einander.

Die dicken Tentakeln haben auf jeder Reihe 15–18 Pinnulae.

Im Weingeist ist die Farbe grau-bräunlich.

In der Sammlung befindet sich nur ein einziges Exemplar, das vermittelst des Basalteiles des Stammes auf einem Madreporenzweig befestigt ist. Die Kolonie gleicht sehr derjenigen der *X. viridis*, unterscheidet sich jedoch von ihr durch die Gröfse ihrer Polypen, die Dicke der Tentakeln und die Stellung der Pinnulae. Sie ist 20 mm hoch und 22 mm breit. Der Stamm ist dick, fleischig und weich; er verbreitert sich am oberen Teil, wo er in einer sehr konvexen Fläche endet. Er ist 12 mm lang und am unteren Ende 6 mm breit, am oberen 10 mm.

Die vollständig entwickelten Polypen sind ziemlich grofs und dick; ihre Körper sind von acht kleinen Längsfalten durchfurcht, die mit den Ansatzzellen der Tentakeln korrespondieren. Viele Polypen sind mehr oder weniger zusammengezogen. Die Polypen messen ohne die Tentakeln 4—5 mm in der Länge und 2—3,5 mm in der Breite; sie stehen dicht aneinander und lassen unter sich nur sehr kleine Zwischenräume frei, wo man manchmal ganz junge Knospen findet. Diese sind alle gleich, und ihre Tentakeln sehen schon wie die der vollständig entwickelten Polypen aus. Die Tentakeln der vollständig entwickelten Polypen sind 4—5 mm lang und 1—1,5 mm breit; ihre Innenfläche trägt auf jeder Seite der Mittellinie drei unregelmäßige Reihen langer, dicker, konischer Pinnulae, 15—18 auf einer Reihe. Die Pinnulae lassen auf der mittleren Achse des Tentakels bis zur Hälfte desselben einen ziemlich breiten Raum frei. Auf dem äußeren Rand der Kolonie befinden sich zahlreiche junge, noch unentwickelte Polypen.

Die Kalkkörper sind außerordentlich zahlreich, messen 0,02—0,05 mm und gleichen sich nicht untereinander; sie sind bald kleine, runde oder ovale Scheiben, bald zeigen sie eine mehr unregelmäßige Gestalt und sie befinden sich in dem Polypenkörper, wie in den Tentakeln und in den Pinnulae.

Die Farbe des Stammes im Weingeist ist grau-bräunlich und dieselbe Färbung haben die Polypen. Die Farbe der Tentakeln schwankt zwischen grau-braun und hellgelb; die letztere Färbung ist viel intensiver auf der inneren Fläche, als auf der äußeren.

7. *Xenia fusca* n. sp.

Konische, kurze, dicke Pinnulae, die in 6—7 unregelmäßigen Reihen auf der Innenseite des Tentakels stehen und nur selten einen kleinen Teil der Achse freilassen.

Basalteil der Kolonie in Form eines dicken, weichen, fleischigen, einfachen, gelappten und vollständig geteilten Stammes. Die Polypen sind ziemlich lang und dick, außerordentlich zahlreich und stehen eng bei einander.

Die Tentakeln sind kurz und haben 12—14 Pinnulae auf jeder Reihe. Die Farbe der Kolonie ist im Weingeist dunkelbraun.

Von den beiden Exemplaren, die mir zur Verfügung stehen, ist eines groß und besteht aus zwei sehr dicken Stämmen, die an ihrer Basis durch ein kurzes Häutchen verbunden sind.

Die Kolonie mißt in der Höhe 30—35 mm und 40 mm in der Breite. Einer der Stämme ist 22 mm hoch und 19 mm breit an seinem obersten Teil; er ist von einer tiefen Längsfurche durchzogen und bildet dadurch einen Lappen, der 15 mm lang und 12 mm breit ist. Der andere Stamm besitzt keine Längsfurche, aber er ist vollständig zusammengebogen, so dals er nur 15 mm in der Länge und 22 mm in der Breite zu messen scheint. Jeder von den beiden Stämmen wird von wenig tiefen Längs- und Querfalten durchzogen. Das zweite Exemplar mißt 27 mm in der Höhe und 28 mm in der Breite; der Stamm ist 25 mm breit an seinem obersten Teil und 30 mm lang, aber in der Hälfte seiner Höhe ist er vollständig zusammengebogen, so dals die Oberfläche, auf der sich die Polypen erheben, auf die Basis des Stammes reicht und man deshalb diesen letzteren nicht sehen kann. Die Polypen sind aulserordentlich zahlreich aneinander gedrängt; sie messen 5—10 mm in der Länge, 1,5 mm in der Breite. Die Wand ihres Körpers ist sehr weich und meist zusammengedrückt. Die verhältnismäfsig kurzen Tentakeln messen nur 2,5—3 mm in der Länge; ihre Breite ist überall gleich und mifst 0,7—1 mm. Sie sind an ihrem Ende abgerundet und tragen an ihrer Innenfläche 6 oder 7 Reihen eng aneinander stehender Pinnulae, die nur selten etwas freien Raum in der Achse des Tentakels lassen. Sie sind alle gleich lang, konisch, an ihrem Ende abgerundet und messen nur 0,5 mm in der Länge. Jede der Reihen zählt 13—14 Pinnulae.

Bei dieser Art haben wir zahlreiche junge Knospen in allen Stadien ihrer Entwickelung; sie befinden sich ebensowohl auf dem äulseren, als auch auf dem inneren Rande der Kolonie.

Die Kalkspicula behalten die allgemeine Form von kreisrunden oder ovalen Körpern; sie messen 0,015—0,02 mm. Sie sind sehr zahlreich und liegen eng aneinander auf der Oberfläche des Polypenkörpers, ebenso auf der äulseren Seite der Tentakeln, etwas vereinzelter in den Pinnulae, wo man sie bis zu deren Ende findet.

Die Farbe im Weingeist ist dunkelbraun, ebenso am Stamme und am Körper der Polypen, doch kann sie an den Tentakeln ein wenig heller sein.

Beide Exemplare sind auf Korallenzweigen befestigt.

8. *Xenia membranacea* n. sp.

Konische, dicke, mehr oder weniger lange Pinnulae, die auf jeder Seite der Mittellinie des Tentakels 3—4 unregelmäßige Reihen bilden und niemals die Achse in ihrer ganzen Länge frei lassen.

Der Basalteil der Kolonie besteht aus verschiedenen, schwach verzweigten Stämmen, die an ihrer Basis durch eine häutige Fläche verbunden werden. Die kleinen, dicken und kurzen Zweige tragen die ziemlich langen, sehr engen, von schlanken und spitzen

Tentakeln gekrönten Polypen. Die Tentakeln haben 20—25 Pinnulae in jeder Reihe. Die Farbe in Weingeist ist dunkelgelb.

Von den beiden Exemplaren, die mir zur Untersuchung vorlagen, besteht das eine aus kleinen, kurzen und dicken Stämmen, die an ihrer Basis durch eine gemeinsame, verhältnismäßig dünne Membran verbunden sind; diese mißt in der Länge 40 mm und in der Breite wechselt sie zwischen 5 und 12 mm. Die Größe des Stammes schwankt zwischen 6—14 mm und ihre Breite zwischen 4—5 mm. Aus ihrem oberen Ende kommen 3 oder 4 kleine, sehr kurze Zweige, die nur 4 mm lang und ebenso breit sind; es sind dies die Verästelungen, welche die Polypen tragen.

Das kleine Exemplar hat einen einzigen Stamm, der an seiner Basis eine kleine, membranartige Ausbreitung zeigt, 12 mm in der Länge und 10 mm in der Breite messend; der untere Teil des Stammes ist 9 mm dick und teilt sich in einer Höhe von 4 mm von seiner Basis gemessen in 3 Zweige, wovon jeder 5—6 mm lang und 4—4,5 mm dick ist. Einer von diesen Zweigen verästelt sich in 2 kürzere, kleinere. Auf der oberen Fläche dieser Verästelungen erheben sich die Polypen. Die Stämme sind bald gerade, bald mehr oder weniger gebogen, steril, weich, dick, fleischig und werden von zahlreichen engen und ziemlich tiefen Längs- und Querfalten durchzogen, die ihrer Oberfläche das Aussehen von Baumrinde geben.

Die Polypen stehen eng aneinander und messen ohne die Tentakeln 4—6 mm in der Länge und nur 0,75—1 mm in der Breite; doch giebt es einige Polypen, die 1,5 mm dick sind. Die innere Fläche auf jeder Seite der Mittellinie der Tentakeln ist bedeckt mit 3—4 unregelmäßigen Reihen von feineren und schlankeren, konischen, spitzen und manchmal ziemlich verlängerten Pinnulae, welche die Achse nicht in ihrer ganzen Länge frei lassen; es kommt vielmehr oft vor, daß die Oberfläche vollständig mit Pinnulae bedeckt ist. Auf jeder Reihe befinden sich 20—25 Pinnulae.

Bei diesem Exemplar finden sich einige junge Knospen, die am häufigsten auf dem äußeren Rand der kleinen Zweige, welche die Polypen tragen, sitzen.

Die Kalkkörper haben verschiedene Form. Sie zeigen sich bald als kleine, runde oder ovale Scheiben, bald als kleine Stäbchen. Auf der Rückenfläche des Tentakels sind sie zahlreicher. Die runden Scheiben haben einen Durchmesser von 0,015—0,025 mm, die ovalen eine Länge von 0,02—0,025 mm, eine Breite von 0,01—0,015 mm; die Stäbchen sind 0,02—0,03 mm lang und 0,006—0,01 mm breit. In den Pinnulae stehen sie eng aneinander und zeigen sich als kleine Körper von ähnlicher Form; sie sind im Durchmesser nur 0.05–0.07 mm grofs. Der Polypenkörper enthält nur runde, scheibenförmige Körper, die 0.015–0.025 mm im Durchmesser grofs sind; im Coenenchym des Stammes gleichen die Kalkkörperchen denen des Polypenkörpers und sind in gleichen Abständen verteilt.

An den Überbleibseln von Sand, die an der unteren Fläche der basalen Membran haften, erkennt man, dafs diese Kolonien sich auf dem Sande festsetzen.

Die Farbe der Kolonie ist im Weingeist einfarbig dunkelgelb, der Ton ist der gleiche am Stamm, an den Zweigen, an den Polypen und an den Tentakeln.

II. Untergattung.

Diese Untergattung enthält Arten, die auf demselben Tentakel die beiden Pinnulae-Typen vereinigen. Die kleinen, kurzen, runden Pinnulae oder Wärzchen befinden sich an der Basis des Tentakels; die eigentlichen Pinnulae in der oberen Region.

9. *Nenia viridis* n. sp.

Die Pinnulae stehen in drei regelmäfsigen Reihen auf jeder Seite der Mittellinie und lassen die Achse des Tentakels in ihrer ganzen Länge frei. An der Basis des letzteren haben sie die Form kleiner, runder Wärzchen, die sich allmählich verlängern und an der Spitze zu kleinen, dicken Pinnulae werden.

Basalteil der Kolonie in Form eines fleischigen, glatten, ungeteilten Stammes. Die Polypen sind ziemlich grofs, aber nicht sehr breit und zahlreich. Sie erheben sich auf einer grofsen, konvexen Oberfläche. Die Tentakeln sind nicht sehr lang und tragen 14–15 Pinnulae in jeder Reihe.

Farbe grau-graulich.

In der Sammlung befindet sich von dieser Art nur ein sehr gut erhaltenes Exemplar, das sofort durch seine zierliche und schöne Form in das Auge fällt. Die Kolonie besteht aus einem einzigen, sehr dicken Basalteil in Form eines Stammes, der nach oben zu sich erweitert, wo er in eine breite, konvexe Fläche endet, auf der sich die zahlreichen Polypen erheben. Die Kolonie ist durch den Basalteil des Stammes auf zwei Verästelungen eines und desselben Madreporenstammes befestigt. Sie ist 40 mm hoch und 55 mm breit.

Der Stamm ist dick, gerade, reich an Coenenchym, weich, von fleischigem Aussehen und mifst 30 mm in der Höhe und 45 mm in der Breite auf dem oberen Teil, 30 mm auf dem unteren. Ein tiefer Längsschnitt teilt den Stamm an einer Seite in zwei Lappen; außerdem wird er noch von verschiedenen Querfurchen durchzogen, die aber sehr wenig sichtbar und ohne Bedeutung sind.

Die vollständig entwickelten Polypen sind ziemlich groß, aber niemals ganz ausgestreckt; ihre Körper sind ohne die Tentakeln 4–7 mm lang, 1–2 mm breit. Der obere Teil des Polypenkörpers ist ein wenig verbreitert in Form eines Kelches, der von acht kurzen, schwachen Längsfurchen durchzogen wird, die in Verbindung mit dem Einfügungspunkt der Tentakeln stehen; letztere sind 4–6 mm lang und 1 mm breit, an ihrem Ende spitz, gerade oder ein wenig nach innen gebogen. Die innere Fläche trägt drei regelmäßige Reihen von Pinnulae auf jeder Seite der Mittellinie. Diese Pinnulae, 14–15 auf jeder Reihe, sind konisch, spitz, länger am Ende des Tentakels als an seiner Basis. Sie lassen einen großen Teil der Achse frei bis zur Spitze des Tentakels, dessen äußere Fläche stark konvex ist.

Die entwickelten Polypen sind sehr zahlreich, doch lassen sie auf der oberen Fläche des Stammes einen kleinen Raum frei, wo man einige Knospen findet. Diese jungen Knospen zeigen sich zuerst als ganz kleine Polypen, von 2 mm Länge und 0,5–1,0 mm Breite; sie werden von acht kurzen Tentakeln gekrönt, die eine Länge von 0,8–1,1 mm und eine Breite von 0,5 mm haben, nach der Innenseite gebogen und an ihrem Ende abgerundet sind und noch gar keine Pinnulae tragen. In einem weiter vorgeschrittenen Stadium haben die Knospen eine Länge von 3,5 mm und eine Breite von 1 mm; die Tentakeln haben dieselbe Gestalt behalten, aber sie zeigen schon Reihen von kleinen Wärzchen, welche nichts anderes als kleine Pinnulae sind. Im dritten Stadium sind die Tentakeln mit Pinnulae bedeckt, die genau denen der vollständig entwickelten Polypen gleichen. Da diese verschiedenen Stadien sich bei allen Arten vorfinden, so werde ich nicht wieder darauf zurückkommen.

Die Kalkkörperchen sind sehr zahlreich; sie haben die Form einer ovalen Scheibe und gleichen den Blutkörperchen des Menschen. Im Durchmesser halten sie 0,01—0,015 mm und befinden sich gleichmäßig verteilt und sehr reichlich auf der Oberfläche des Polypenkörpers; man findet sie ebenso auf den Tentakeln bis zu dem Ende der Pinnulae. Auf der äußeren Fläche der Tentakeln sind sie zahlreicher als auf der inneren.

Die Kolonie, die in „Formol" konserviert worden ist, hat ihre natürliche Färbung grau-grünlich behalten; der Stamm und die Polypen haben die gleiche Farbe.

10. *Xenia ternatana* n. sp.

Die Pinnulae stehen in zwei regelmäßigen Reihen auf jeder Seite der Mittellinie des Tentakels und sind an der Basis einfache, kleine Wärzchen, die in die Form von langen, schlanken Fiederchen übergehen. Die Achse des Tentakels bleibt bis zu einer gewissen Höhe frei und wird dann von einer regelmäßigen Reihe von Pinnulae bedeckt.

Basalteil der Kolonie ein gleich hoher wie breiter, nach oben zu etwas erweiterter Stamm, der eine konvexe Fläche bildet, auf der sich die engen, länglichen Polypen erheben, die mit schlanken Tentakeln versehen sind. Ein Tentakel trägt 18—22 Pinnulae in jeder Reihe.

Farbe des Stammes im Weingeist dunkelgrau, die der Polypen hellgrau.

In der Sammlung befindet sich ein einziges Exemplar, das 25 mm in der Höhe und 30 mm in der Breite mißt.

Der Stamm ist an seiner Basis, die etwas ausgedehnt ist, 16 mm hoch und 18 mm breit. Die vollständig entwickelten Polypen haben eine Länge, die zwischen 4 und 7 mm schwankt, und eine Breite von 0,5—1 mm. Man findet jedoch Polypen, deren Körper 2 mm in der Breite messen; aber diese sind selten. Die Polypen sind außerordentlich zahlreich und dicht. Die Tentakeln sind schlank, messen 3,5—4,5 mm in der Länge und tragen zahlreiche Pinnulae. Die Pinnulae sind schlank und lassen von der mittleren Achse nur einen schmalen Teil übrig. Sie sind im wesentlichen in je 2 Reihen jederseits angeordnet; außerdem finden sich aber noch einzelne Pinnulae in der Mittellinie der Innenseite. An dem unteren Teil der Tentakeln sind die Pinnulae sehr kurz; sie gleichen an ihrem Ende kleinen abgerundeten Kegeln, nach und nach verlängern sie sich und endigen spitz. Jede Reihe enthält ungefähr 20 Pinnulae.

Der äußere Rand der Kolonie ist mit jungen Polypen besetzt, die schon pinnulierte Tentakeln besitzen. Junge Knospen befinden sich auch im Inneren der Kolonie zwischen den großen Polypen.

Die Kalkkörperchen sind rund oder oval und liegen sehr zahlreich und aneinander gedrängt in dem Coenenchym des Stammes, in dem Polypenkörper, auf der äußeren Fläche der Tentakeln und der Pinnulae, aber sie fehlen ganz oder sind sehr selten am Ende der Pinnulae. Auf der Innenfläche der Tentakeln und der Pinnulae sind sie viel vereinzelter, sie messen 0,015—0,025 mm.

11. *Xenia blumi* n. sp.

Pinnulae zu drei regelmäfsigen Reihen auf jeder Seite der Mittellinie des Tentakels. An der Basis sind es kleine, runde Erhebungen, die allmählich nach der Spitze zu langen Pinnulae werden. Die Achse bleibt in ihrer ganzen Länge frei.

Basalteil der Kolonie in Form eines dicken, fleischigen, ungeteilten Stammes. Die obere Fläche trägt die Polypen, die lanzettförmige Tentakeln besitzen, und auf jedem stehen 18—20 Pinnulae in jeder Reihe.

Der Stamm ist dunkelgrau, der Polypenkörper hellgrau.

Genannt zu Ehren des Herrn Oberlehrers J. Blum in Frankfurt a. M.

In der Sammlung befindet sich ein einziges Exemplar, das auf einem Madreporenzweig in unmittelbarer Nähe einer anderen Kolonie, von *X. plicata*, befestigt ist, so dafs man beide im ersten Augenblicke wegen ihrer Nachbarschaft und ihrer allgemeinen Form für dieselbe Art halten könnte. Aber eine nähere Betrachtung läfst uns erkennen, dafs die Tentakeln von dieser Art viel gröfser sind, als die von der anderen. Der Polypenkörper ist auch im allgemeinen verlängerter, als der von *X. plicata*.

Die Kolonie mifst im ganzen 35 mm in der Höhe und 36 mm in der Breite. Der Stamm ist an seinem Basalteil dick, dann nimmt er an Dicke nach oben hin ab, wo er nur 3 mm mifst. Seine Höhe ist 27 mm und seine gröfste Breite 24 mm; an der Basis ist er nur 18 mm breit, dann verbreitert er sich plötzlich in der Mitte seiner Höhe. Durch die Längs- und Querfalten, welche die Stammoberfläche durchfurchen, wird ein rauhes Äufsere geschaffen.

Die Polypen erheben sich auf dem engen Rand des oberen, erweiterten Teils des Stammes. Sie messen 4—7 mm in der Länge und 1—1,5 mm in der Breite; ihr Körper ist manchmal sehr dünn und beinahe durchsichtig. Man findet auch junge, noch nicht entwickelte Polypen. Die Tentakeln sind lanzettförmig und 4—5 mm lang, und in ihrer Mitte 1 mm breit. Die Pinnulae stehen in 3 Reihen auf jeder Seite der Mittellinie des Tentakels; sie lassen einen kleinen Teil der Achse frei. Nach der Basis des Tentakels hin sind sie kurz und konisch, aber je mehr sie nach der Spitze zu liegen, desto länger, schlanker und spitzer werden sie, und gehen nach allen Richtungen auseinander.

Die Kalkspicula sind kleine, kreisrunde oder ovale Scheiben und messen 0,015—0,02 mm im Durchmesser. Sie sind gleichmäfsig auf der ganzen Linie der Kolonie verteilt.

Im Weingeist ist die Farbe dunkelgrau an der Basis des Stammes, am oberen Teil wird sie heller; die Polypen sind weifslich grau.

III. Untergattung.

Diese Untergattung enthält diejenigen Arten, deren Pinnulae als kleine, konische oder abgerundete Wärzchen auf der ganzen Länge der Tentakeln erscheinen. Wie in den vorher besprochenen Untergattungen können sie in regelmäfsigen Reihen auf jeder Seite der Mittellinie stehen oder die ganze Innenseite des Tentakels unregelmäfsig bedecken.

12. *Xenia elongata* Dana.

Dana, Zoophytes; Milne-Edwards et Haime Corallines; Wright und Studer, Report on the Alcyonaria collected by H. M. S. Challenger, Zoology 31.

Tentakeln mit 3—4 Reihen schlanker Wärzchen besetzt. Polypen schlank, mit mittelmäfsig grofsen Tentakeln.

Farbe dunkelgrau.

13. *Xenia florida* Dana.

Dana, Zoophytes; Milne-Edwards et Haime, Coralliaires; *Actinotha florida* Lesson.

Tentakeln mit drei Reihen sehr kurzer Wärzchen. Ziemlich dicke Polypen mit lanzettformigen Tentakeln.

Farbe bläulich.

14. *Xenia plicata* n. sp.

Tentakeln mit drei regelmäfsigen Reihen sehr kurzer und runder Wärzchen auf jeder Seite der Mittellinie. Die Achse des Tentakels bleibt in ihrer ganzen Länge frei.

Basalteil der Kolonie in Form eines dicken, von Längsseiten durchzogenen Stammes, dessen oberes Ende eine leicht eingebogene Fläche ist. Auf dieser stehen die ansehnlichen, von langen Tentakeln gekrönten Polypen. Die Tentakeln tragen in jeder Reihe 18—22 Wärzchen.

Im Weingeist ist der Stamm dunkelgrau, der Polypenkörper hellgrau.

Das einzige Exemplar der Sammlung steht auf einem Madreporenzweig, dicht neben X. blumi.

Die vollständige Kolonie mifst 25 mm in der Höhe und 20 mm in der Breite. Der Stamm ist 20 mm hoch und 18 mm breit am unteren Ende, das eine leichte Ausbuchtung zeigt, dann wird er nach der Mitte zu etwas dünner, um sich nachher an dem oberen Ende wieder zu verbreitern; auf diesem erheben sich die Polypen. Der Stamm ist an seinem oberen Ende lappig verbreitert und dieser Teil vollständig mit jungen Knospen bedeckt. Er ist sehr zusammengeknickt und endet in einer etwas gebogenen Oberfläche auf der Seite, an welcher der Stamm die Biegung bildet. Die äußere Fläche wird von zahlreichen, oft tiefen Längsfalten durchzogen.

Die Polypen sind ziemlich groß, zahlreich und eng auf dem äußeren Rand der Oberfläche aneinander gedrängt. Sie stehen vereinzelter nach dem Innern zu und verschwinden endlich vollkommen. Die vollständig entwickelten Polypen messen 4—5 mm in der Länge und 1,5—2 mm in der Breite; ihre Körper werden von acht Längsfurchen durchzogen, die mit dem Ausgangspunkt der Tentakeln korrespondieren. Oft zeigt der Polypenkörper auch verschiedene, sehr ausgeprägte Querfurchen, die durch das Zusammenziehen des Polypen entstehen. Die Zahl der jungen Polypen ist beträchtlich, man findet sie in allen Stadien ihrer Entwickelung, von den kleinen Knospen ohne Tentakeln bis zu den vollständig entwickelten Polypen. Bei dieser Art entwickeln sich die Tentakeln sehr ungleichmäßig, denn es kommt vor, daß man oft bei demselben Polypen 2—3 Tentakeln findet, die 4—5 und sogar 7 mm lang sind, während die anderen nur 1—1,5 mm messen, aber schon kleine Wärzchen haben. Die vollständig entwickelten Tentakeln messen 5—7 mm in der Länge. Ich habe die größten gerade bei den Polypen gefunden, die eine ungleichmäßige Entwickelung ihrer Tentakeln zeigen. Sie sind von verlängerter Gestalt und messen 0,5—1 mm in der Breite; diese Breite bleibt dieselbe in der ganzen Länge des Tentakels, dessen sehr dünnes Ende abgerundet ist. Auf jeder Seite der Mittellinie stehen 3 Reihen kleiner, sehr kurzer Pinnulae, von Warzenform, die einen ziemlich breiten Teil der Achse übrig lassen. Jede Reihe enthält 18—22 dieser Wärzchen.

Die Kalkspicula weisen die allgemeine Form von kleinen, runden oder ovalen Scheiben auf; sie sind zahlreich, etwas mehr vereinzelt und befinden sich in dem Coenenchym des Stammes, dem Körper des Polypen, auf der äußeren Fläche der Tentakeln ebenso wie weniger zahlreich auf der inneren Tentakelfläche und auf den Wärzchen. Sie messen 0,015—0,2 mm im Durchmesser.

15. *Acaia rubens* n. sp.

Tentakeln mit 5—6 unregelmäßigen Reihen sehr kurzer Warzchen, welche die ganze innere Oberfläche des Tentakels bedecken.

Basalteil der Kolonie in Form eines längeren als breiten, glatten, gelappten Stammes. Seine breite, konvexe Oberfläche trägt zahlreiche Polypen. In jeder Reihe stehen 18—20 Pinnulae.

Die Farbe des Stammes ist im Formol rötlich, die des Polypenkörpers graugelb.

In der Sammlung befindet sich ein einziges, ziemlich großes und ausgezeichnet erhaltenes Exemplar, das in seiner allgemeinen Form an *N. cicelis* erinnert. Es mißt 75 mm in der Höhe und 70 mm in der Breite.

Der Stamm ist 60 mm hoch und 30 mm breit an der Basis, an seiner oberen Seite ist er 35 mm breit und 25 mm dick. Seitlich, 20 mm über der Basis, zieht sich eine tiefe und breite Furche entlang, welche die Oberfläche des Stammes in zwei gleich große Lappen teilt, die von zahlreichen Polypen bedeckt ist. Der Stamm ist glatt, außer an dem oberen Teil, wo er sich leicht verbreitert und eine Menge kleiner Längsfalten zeigt.

Die vollständig entwickelten Polypen erheben sich auf der konvexen Oberfläche des Stammes. Sie messen ohne die Tentakeln 6—11 mm in der Länge und 1,5 bis 3 mm in der Breite. Sie sind sehr weich und etwas zusammengezogen. Die Tentakeln sind 3—4 mm lang und 0,5—1 mm breit. Es kommt übrigens öfters vor, daß die Tentakeln ebenso wie bei *N. plicatus* noch nicht gleichmäßig entwickelt sind; sie sind gerade oder nach innen gebogen und geben so dem oberen Teil das Aussehen eines Blumenkelches. Die Pinnulae sind kleine, sehr kurze, an ihrem Ende abgerundete Wärzchen, welche die Innenfläche des Tentakels bedecken und 5—6 unregelmäßige Reihen bilden. Sie lassen keinen freien Raum auf der Achse des Tentakels. An der Basis der vollständig entwickelten Polypen und zwischen denselben findet man einige kleine Knospen.

Die Kalkkörperchen sind kleine, runde Scheiben, die sich überall ähneln und die ungefähr dieselbe Größe haben. Ihr Durchmesser schwankt zwischen 0,015—0,02 mm. Sie sind sehr zahlreich und stehen eng im Coenenchym wie im Polypenkörper, weiter in den Tentakeln und den Pinnulae.

Familie **Alcyoniidae.**

Alcyonidae Verrill, Proc. Essex Inst., Vol. IV, p. 348, 1865. Klunzinger, Die Korallent. des Roten Meeres. Studer, Übersicht der Anthozoa Alcyonaria. Monatsberichte der Königl. Preuß. Akad. der Wissensch. 1874, p. 631. Archiv für Naturgeschichte, 53, Bd. I. Mitteilungen der geograph. Gesellschaft in Lübeck, II. Ser. Heft 7 u. 8, p. 120, 1894. Wright und Studer, "Challenger" Zoology, Vol. XXXI.

Die Familie der *Alcyoniidae* enthält Kolonien von langen, in ihrer oberen Region retractilen Polypen, die untereinander durch ein sehr dickes Coenenchym verbunden sind. Das Coenenchym enthält zahlreiche Kalkkörperchen, die ziemlich groß werden können und oft mit gezackten Wärzchen bedeckt sind.

Im Innern des Coenenchyms findet man ein System von weiten Ernährungskanälen, die untereinander verbunden sind und die Verlängerungen der Polypenhohlräume bilden. Diese dicken Ernährungs-kanäle stehen in Verbindung mit anderen feineren Kanälen.

Mehrere Gattungen besitzen zwei Arten von Polypen; die *Autozooide* oder großen Geschlechtspolypen und die *Siphonozooide* oder kleineren, geschlechtslosen Polypen.

Genus *Alcyonium* Linné.

Alcyonium Esper, Schweigger, Lamarck, Blainville, Milne-Edwards et Haime, Hist. nat. Coral., T. I, p. 114; Klunzinger, Korallen., p. 21; Wright and Studer, „Challenger".
Lobularia Savigny, Ehrenberg.

Die von Linné geschaffene Gattung *Alcyonium* enthält Kolonien von retractilen Polypen, die aus einer Masse Coenenchyms heraussprossen. Es ist ein mehr oder weniger breiter Stamm vorhanden, dessen oberer Teil gewöhnlich gekappt ist, und dessen Inneres spindelförmige oder keulenförmige Spicula enthält, deren Zahl und Dicke sehr nach den Arten variiert.

Alcyonium polydactylum Klunzinger.

Klunzinger, Korall. des Roten Meeres, p. 25, Taf. I, Fig. 6 u. f.
Lobularia polydactyla Ehrenberg, Korall. des Roten Meeres, p. 58.

Die Sammlung enthält drei Exemplare von verschiedener Größe; das kleinste mißt 30 mm in der Höhe und 45 mm in der Breite. Der Stamm ist kurz und die Polypen sind nicht vollständig retractil.

Die Kalkspicula sind identisch mit den von Klunzinger beschriebenen.

Im Alkohol ist die Farbe der Kolonie des Stammes grau-bläulich, die der Zweige und Polypen weiß-grau.

Das zweite Exemplar ist viel größer und mißt 90 mm in der Höhe und 75 mm in der Breite. Der Stamm ist dick und ziemlich hoch; die Verästelungen sind breit und tragen zahlreiche Lappen.

Der Stamm dieses Exemplares ist braun, die Zweige sind grau-braun.

Ein drittes Exemplar dieser Art weicht etwas ab. Es mißt 120 mm in der Höhe und 100 mm in der Breite. Der Stamm ist sehr groß, gerade und faltenlos, 70 mm in der Höhe und 60 mm in der Breite messend. Auf seinem oberen Teile erheben sich sieben Hauptverzweigungen, aus denen zahlreiche Lappen hervorgehen, auf deren Oberfläche sich die Läppchen entwickeln. Diese letzteren sind gewöhnlich konisch gestaltet, öfters länger als breit und stehen meistens eng aneinander.

Die Polypen sind alle zurückgezogen.

Die Kalkspicula sind vollständig den von Klunzinger beschriebenen gleich.

Die Farbe der Kolonie ist im Alkohol von einem gleichförmigen Braun.

Alcyonium leptoclados Klunzinger.

Klunzinger, Korall des Roten Meeres, p. 26, Taf. I, Fig. 7 a–d.
Lobularia leptoclados Ehrenberg, Korall des Roten Meeres, p. 58.

Das eine Exemplar der Sammlung ist 55 mm hoch und 60 mm breit. Die Lappen sind 25 mm hoch und 8–10 mm breit. Die Polypen sind retractil. Die Kalkspicula sind identisch mit den von Klunzinger beschriebenen. Im Alkohol ist die Farbe der Kolonie einfarbig braun. Ein zweites Exemplar dieser Art zeigt einige Abweichungen.

Die Kolonie ist 45 mm hoch und 65 mm breit. Der Stamm ist kurz und misst nur 20 mm in der Höhe und 30 mm in der Breite. Die Zweige stehen sehr wenig eng bei einander; sie sind gewöhnlich verlängert und tragen kurze, fingerförmige, divergierende Verästelungen. Die Zweige sind 20 mm hoch und 5–10 mm dick. Die Läppchen sind meistens ebenso lang als breit.

Die Polypen sind nicht vollständig ins Innere zurückgezogen.

Die Spicula sind identisch mit denen der typischen Art.

Die Farbe der Kolonie ist im Alkohol einfarbig dunkelbraun.

Genus *Sarcophytum* Lesson emend. Marenzeller.

Lesson, Zool. du voyage de la Coquille, Zooph., p. 92, 1834. Marenzeller, Zool. Jahrb., Bd. I, p. 349. Klunzinger, Korall des Roten Meeres.

Die Gattung *Sarcophytum* enthält Kolonien von dimorphen Polypen, die sich auf der Oberfläche einer glatten oder gefalteten Scheibe erheben, die durch einen stammförmigen Basalteil gestützt wird, was der Kolonie die Gestalt eines Pilzes giebt. Der Basalteil ist immer steril, oft hart, glatt oder ein wenig gefaltet, manchmal höckerig. Im Inneren verzweigen sich die Kanäle. Die Scheibe ist bald weich und elastisch, bald hart. Ihre Ränder kommen mehrere Male gebogen sein; in diesem Falle ist die Oberfläche der Scheibe oft vollständig verdeckt. Zwischen den Falten befinden sich kleinere oder größere Mulden, die oft das Centrum der Scheibe erreichen.

Die Autozooide können vollständig zurückgezogen sein; sie stehen oft in regelmäßigen und gleichen Reihen auf der ganzen Oberfläche der Scheibe, mehr oder weniger eng nebeneinander, manchmal jedoch stehen sie in größerer Anzahl auf den Rändern der Scheibe und den Spitzen der Falten; manchmal sind sie auch unregelmäßig auf der Oberfläche der Scheibe zerstreut. Diese Geschlechtspolypen sind gewöhnlich 3–5 mm lang und 1–1,5 mm breit und von acht mit Pinnulae versehenen, sehr kurzen Tentakeln gekrönt. Sie besitzen eine unentwickelte Grube ("Syphonoglyphe"). Die Öffnungen der Autozooide messen 0,5–0,75 mm im Durchmesser.

Die Siphonozooide sind sehr klein und sehr zahlreich; sie besitzen eine vollständig entwickelte Grube und vier lange und vier kurze Septa. Sie füllen die freien Räume zwischen den Autozooiden aus und stehen gewöhnlich in concentrischen Kreisen um diese letzteren herum. Ihre Öffnungen sind sehr klein, manchmal fast undeutlich und geben oft der Oberfläche der Scheibe ein chagrinartiges Aussehen.

Die Rinde des Stammes ist, mit Ausnahme der unteren Region, mit zahlreichen und kleinen, stock-, spindel- und keulenförmigen Kalkkörperchen und mit ganz kleinen, spitzen oder konischen Wärzchen besetzt.

Das Coenenchym des Stammes ist mit zahlreichen und oft großen und dicken Spicula in Gestalt von Spindeln oder Keulen, oder cylindrischen, dicken und abgestumpften, kreuz- und sternförmigen Körperchen gefüllt; sie sind mit mehr oder weniger dicken, stacheligen oder ausgezackten, gewöhnlich eng aneinander stehenden Wärzchen, oder nur mit kleinen, spitzen, weiter aneinander stehenden Wärzchen bedeckt. Meist sind die Spicula des Basalteiles des Coenenchyms von denen der oberen Region etwas verschieden.

Die Spicula des Scheibencoenenchyms sind gewöhnlich lang und eng und mit kleinen, einfachen und konischen, manchmal auch mit dickeren, ausgezackten Wärzchen bedeckt.

Die Arten der Gattung *Sarcophytum* können sehr beträchtliche Größen erreichen.

Die Farbe der Kolonie schwankt gewöhnlich zwischen hell- und dunkelbraun.

Die Sammlung enthält sechs Exemplare, von denen fünf neuen Arten zugehören und nur eines eine Varietät von der Art *S. trochliophorum* Marenz. ist.

1. *Sarcophytum boettgeri* n. sp.

Die Kolonie besteht aus einem sterilen Basalteil und einem Capitulum in Pilzform, welches die dimorphen Polypen trägt.

Die Kolonie mißt 25 mm in der Höhe und 40 mm in der Breite.

Der Stamm ist glatt und verbreitert sich etwas an seinem unteren Teil; er ist 15 mm hoch und 30 mm dick.

Die Scheibe ist dick, ziemlich hart und überragt ein wenig den Stamm. Die Falten sind weit, nur drei an der Zahl und verdecken die Scheibe nicht, die dadurch von oben in ihrer ganzen Ausdehnung zu sehen ist. Zwischen diesen Falten befinden sich schwache Mulden, die bis ins Centrum der Scheibe sich verlängern.

Die Scheibe hat eine Dicke von 7 mm und einen Durchmesser von 40 mm.

Die Autozooide sind vollständig retractil, befinden sich in größerer Zahl auf den Rändern der Kolonie, als nach dem Inneren zu und stehen in regelmäßigen Reihen. Man findet 8—10 Autozooide auf 1 cm Länge. Der Durchmesser ihrer Öffnungen erreicht eine Länge bis zu 0,75 mm.

Die Siphonozooide füllen den Raum aus zwischen den Autozooiden, sind sehr zahlreich, klein und wenig deutlich. Die Reihen der Autozooide stehen in gleicher und regelmäßiger Entfernung von 2,5 mm von einander auf dem Centrum der Scheibe und auf der Basis der Falten. Auf dem Gipfel dieser letzteren stehen sie viel enger zusammen.

Die Rindspicula haben bald die Gestalt von kurzen Stöckchen, bald die von Spindeln und Keulen; sie sind immer mit kurzen und spitzen Wärzchen bedeckt. Sie variieren in der Länge zwischen 0,19, 0,38 und 0,57 mm bei einer Breite von 0,038, 0,07, 0,076 mm.

Die Spicula des unteren Teiles des Coenenchyms des Stammes sind spindelförmig und schwankend in Größe und Dicke. Die dicksten sind vollständig mit kleinen Warzen und Unebenheiten bedeckt; sie stehen dicht aneinander gedrängt.

Die Spindeln sind bald lang und dick und messen 0,885, 0,832 mm in der Länge bei einer Breite von 0,136, 0,095 mm; bald sind sie dünner, 0,95 mm lang und nur 0,09 mm breit. Kürzere messen 0,418 in der Länge bei einer Breite von 0,057 mm.

Die Spicula des Coenenchyms des oberen Teils des Stammes behalten im allgemeinen dieselbe Gestalt wie die des Stammes, aber sie sind kürzer und meistens dicker im Vergleich zu ihrer Länge. Es sind spindelförmige Spicula, meistens gerade, manchmal schwach gebogen. Sie sind mit kleinen Wärzchen bedeckt, die unregelmäßig auf ihrer Oberfläche verteilt sind. Diese sind dicker und zahlreicher bei den dicken Spicula, als bei den schmalen; die Mittelgröße dieser Spicula ist 0.44, 0.475, 0.48 mm bei einer Breite von 0.067, 0.076, 0.114 mm.

Die Spicula des Coenenchyms der Scheibe gleichen sich sehr untereinander und haben die Form von kleinen Stäbchen, die meist an jedem ihrer Enden dünner werden und bald gerade, bald leicht gebogen sind. Auf ihrer Oberfläche befinden sich einige kleine, konische Wärzchen, die parallel nebeneinander stehen. Ihre mittlere Länge ist 0.342 mm bei einer Dicke von 0.038 mm.

Die Farbe der Kolonie im Alkohol schwankt zwischen hell- und dunkelgrau. Das Exemplar ist auf einem Korallenzweig befestigt.

2. *Sarcophytum fungiforme* n. sp.

Das Exemplar ist 70 mm hoch und 45 mm breit. Der Basalteil der Kolonie oder Stiel ist breiter an seinem unteren als an seinem oberen Ende; er wird seiner ganzen Länge nach von tiefen Falten durchzogen und seine Höhe beträgt 45 mm, seine Breite 45 mm.

Die Scheibe ist 5 mm dick, nicht sehr weich und überragt nur wenig den Stamm, aber sie bildet drei vertikale, sehr ausgesprochene Falten; der Gipfel von jeder dieser Falten mündet im Centrum der Scheibe, so daß es unmöglich ist, die Oberfläche der letzteren zu sehen. Die Scheibe ist 35 mm hoch und an ihrer Basis 45 mm breit. Zwischen jeder Falte befindet sich eine enge und tiefe Furche, die von außen nach dem Centrum der Scheibe führt. Die beiden Ränder ein und derselben Falte münden ineinander aus und lassen so zwischen sich und der unteren Oberfläche der Scheibe einen vertikalen, röhrenförmigen Raum. Jede dieser Falten mißt in der Höhe 30–35 mm und in der Breite 25–30 mm.

Die Autozooide sind alle vollständig in das Innere ihrer Hoden zurückgezogen und regelmäßig und in gleicher Anzahl auf der ganzen Oberfläche der Scheibe verteilt. Man zählt nur 6–7 Autozooide auf einer Länge von 1 cm; jede Öffnung mißt im Durchmesser 0.5–1 mm. Die Reihen der Autozooide befinden sich in einer regelmäßigen Entfernung von 4 mm. Die Siphonozooide sind sehr zahlreich und stehen im Kreise in 3–4 regelmäßigen Reihen um die Öffnung der Autozooide. Sie sind sehr deutlich.

Die Rindenspicula sind meistens kleine, sehr kurze und sehr enge Körperchen, die auf jeder ihrer Seiten zwei oder drei kleine, spitze, konisch gestaltete Unebenheiten tragen. Manchmal sind es kleine Körper, die an einem ihrer Enden dicker sind, während das andere Ende in eine stachelige Spitze ausläuft; oft sehen sie auch wie kleine Keulen aus. Diese

Körperchen messen im Mittel in der Länge 0,065, 0,152, 0,266, 0,285 mm, in der Breite 0,03, 0,038, 0,057, 0,076 mm. Einige können eine Länge von 0,285 mm und eine Breite von 0,095 mm erreichen.

Die Spicula der Basis des Stammcoenenchyms haben drei Hauptformen: die einen sind kurz und dick, abgestumpft oder an ihren Enden sich verjüngend, mit dicken Warzen bedeckt und messen in diesem Falle im Mittel in der Länge 0,342—0,38 mm, in der Breite 0,19—0,2 mm; die anderen zeigen an ihren Enden eine kurze Gabelung oder haben Kreuzform, oder aber sie sind verlängert, wie Spindeln gestaltet, gerade oder ein wenig gebogen, mit kleinen, nicht sehr zahlreichen, aber sehr spitzen Wärzchen bedeckt und haben eine Länge von 0,513, 0,608 mm und eine Breite von 0,057, 0,095 mm. Die dritte Form endlich wird dargestellt durch ziemlich dicke Spicula, die noch Spindelgestalt haben, aber mit dicken und zahlreichen, gezackten Wärzchen bedeckt sind und 0,57 mm in der Länge und 0,19 mm in der Breite messen.

Die Spicula des oberen Teiles des Stammcoenenchyms sehen sich alle ähnlich; sie sind grofs, dick und mit dicken, bald abgerundeten, bald gezackten Warzen bedeckt, immer gerade und messen 0,57 mm in der Länge, bei einer Breite von 0,228 mm.

Die Spicula des Coenenchyms der Scheibe sind lang und geradlinig, oft an einem Ende etwas verdickt und mit kleinen, konischen, zerstreuten Warzen besetzt. Ihre mittlere Länge beträgt 0,38—0,464 mm, bei einer Dicke von 0,06 mm; doch giebt es auch ganz kleine Spicula von 0,15 mm Länge und 0,02 mm Breite.

Die Farbe der Kolonie im Alkohol ist gleichförmig hellgrau.

Dieses Exemplar sitzt auf Korallenüberresten.

5. *Sarcophytum reichenbachi* n. sp.

Die Kolonie besteht aus einem stamm- oder stielförmigen Basalteil, der sich an seinem oberen Teil verbreitert und eine dünne, etwas an ihrer oberen Fläche ausgebreitete und konkave Scheibe trägt. Das Exemplar mifst in seiner Totalhöhe 45 mm und an seinem oberen Teil 45 mm in der Breite. Der Basalteil ist ziemlich lang und verhältnismäfsig schmal; er mifst 40 mm in der Höhe und 20 mm in der Breite. In 30 mm Höhe fängt er an, sich zu verbreitern; er ist steril und wird durch Längsfalten rauh. Die Scheibe ist viel breiter als der Stamm, von unregelmäfsiger Form und mifst 45 mm in ihrer gröfsten Breite und nur 25 mm in ihrer kleinsten. Ihre Dicke beträgt 5 mm. Die Ränder sind sehr wenig gefaltet, aber vertikal etwas emporgehoben, so dafs ihre obere Fläche vollständig sichtbar ist und an den beiden Enden ihres grössten Durchmessers eine leichte Vertiefung entsteht, die den konkaven Teil der Scheibe mit ihrer ausseren Oberfläche in Verbindung setzt.

Die Autozooide sind nicht alle in das Innere ihrer Höhlungen zurückgezogen; sie sind kurz und messen niemals mehr als 3 mm in der Länge und 1 mm in der Breite. Die obere Region des Polypen ist etwas breiter als die untere; die Tentakeln sind alle ins Innere des Polypenkörpers zurückgezogen. Die Autozooide sind in regelmäßigen Reihen auf der oberen Fläche und den Rändern der Scheibe verteilt, aber diese Reihen stehen sehr eng bei einander und lassen zwischen sich nur einen sehr beschränkten Raum frei für die Siphonozooide, die wenig zahlreich und sehr undeutlich sind. Die Autozooide sind acht an der Zahl auf 1 cm Länge. Der Durchmesser ihrer Öffnung beträgt nur 0,5 mm. Die obere Fläche der Scheibe sieht wie Leder aus.

Die Spicula der Rinde sind kleine Keulen, bald mit kurzen Stacheln, bald mit längeren Erhabenheiten besetzt; ihre Länge ist 0,133, 0,152, 0,204, 0,266, 0,323 mm, bei einer Breite von 0,068 - 0,057 mm.

Die Spicula des Basalteils des Stammcoenenchyms haben die Gestalt von schmalen Spindeln, die einige Reihen kleiner, konischer und spitzer Warzen tragen; sie stehen dicht zwischeneinander und haben eine Länge von 0,58 mm, bei einer Maximaldicke von 0,057 mm. Bei dieser Art sind alle einander ähnlich. Die Spicula des oberen Teils des Stammes sind identisch mit denen der Basis.

Die Spicula der Scheibe behalten noch dieselbe Gestalt, aber sie sind von beträchtlicher Größe; sie erreichen eine Länge von 0,38, 0,475 mm und eine Breite von 0,068, 0,57 mm.

Im Alkohol ist die Farbe des Stammes grau-braun, die der Scheibe dunkelgrau, und endlich die der Polypen ein gelbliches Hellgrau.

4. *Sarcophytum dispersum* n. sp.

Das Exemplar ist nicht vollständig; der Basalteil scheint in der Mitte seiner Höhe abgerissen zu sein.

Der Stamm ist dick; er mißt 45 mm in der Breite und ist von kleinen Längsfalten und einer breiten und tiefen Querfalte durchzogen. Er ist rigid und hart.

Die Scheibe ist nicht sehr dick und faltenlos. Ihre Ränder sind nach der Innenfläche gebogen. Sie hat im größten Durchmesser 60 mm, im kleinsten 50 mm. Im Verlaufe ihres großen Durchmessers erhebt sich die Oberfläche der Scheibe ein wenig und sieht wie ein kleiner, länglicher, 1 cm hoher und 1,5 cm breiter Hügel aus. Die Polypen sind nicht alle ins Innere ihrer Höhlungen zurückgezogen, sie sind etwas größer als die der vorhergehenden Arten, und ihre Tentakeln sind ausgebreitet; sie messen 3,5—4,5 mm in der Länge und 4—4,5 mm in der Breite. Die Tentakeln sind kurz und spitz, 0,75 mm lang und 0,25 mm breit. Die Autozooide sind nicht in gleicher Anzahl auf der ganzen Oberfläche der Scheibe angeordnet; gewöhnlich stehen sie weit auseinander, nur 4—5 auf 1 cm Länge.

Die Siphonozooide sind sehr zahlreich vorhanden und stehen im Kreise um die Öffnung der Autozooide, aber sie sind gewöhnlich sehr wenig deutlich.

Die Rindenspicula sind klein und messen nur 0,1 mm in der Länge und 0,017, 0,038 mm in der Breite. Sie tragen nur einige kleine, weit auseinander stehende Wärzchen. Gewöhnlich sind sie keulenförmig.

Die Spicula des Coenenchyms des Stammes sind kurz und dick, abgestumpft und mit dicken Warzen bedeckt. Sie sind gewöhnlich gerade, bald etwas zurückgebogen, bald kreuzformig. Ihre mittlere Länge ist 0,323, 0,418 mm, ihre Breite 0,133, 0,249 mm. Die Wärzchen erreichen eine Höhe von 0,138 mm, bei einem Durchmesser von 0,057 mm. Oft werden diese Spicula etwas enger in ihrer Mitte; man findet auch kleinere, die nur einige kleine, konische Wärzchen besitzen und 0,266 mm in der Länge und 0,065 mm in der Breite messen.

Die Spicula des Coenenchyms der Scheibe sind verschieden von denen der Basis, doch findet man diese ebenfalls, wenn auch sehr selten. Die Spicula der Scheibe treten in zwei Hauptformen auf. Bald haben sie die Gestalt von dünnen, geraden, zurückgebogenen Spindeln, die an ihrer Oberfläche nur ganz kleine, konische, sehr vereinzelte Wärzchen tragen; sie messen in der Länge 0,4 mm und sind 0,038, 0,057 mm dick. Andere haben die Gestalt von Keulen und tragen zahlreiche und dickere Warzen; sie sind 0,4 mm lang und 0,08 mm breit.

Im Alkohol schwankt die Farbe der Kolonie zwischen grau und hellbraun.

Die Kolonie war auf einem Stück Koralle befestigt.

5. *Sarcophytum plicatum* n. sp.

Diese Art ist durch das größte Exemplar der Sammlung vertreten; es mißt in der Höhe 120 mm und in der Breite 80 mm.

Der Stamm ist breit, hat Längsfalten und mißt in der Höhe 85 mm, in der Breite 50 mm. Er ist weich und wird an seinem oberen Teil von den Falten der Scheibe bedeckt.

Die Scheibe besteht aus 7 Hauptfalten, von denen jede 25 mm breit und 40—50 mm hoch ist; sie ziehen vertikal, und ihre Gipfel münden in das Centrum der Scheibe, so daß die ganze Oberfläche vollständig verdeckt ist, wenn man nicht die Falten voneinander ent-

fernt; zwischen jeder dieser Falten befindet sich eine enge und tiefe Furche, die von
aufsen nach dem Innern der Scheibe führt.

Die Autozooide sind nicht alle in das Innere der Höhlungen zurückgezogen. Sie
messen 3—4 mm in der Länge und sind 1 mm breit. Die Tentakeln sind kurz und niemals
länger als 0,25 mm. Die Autozooide stehen in regelmäsigen Reihen auf der ganzen Oberfläche der Scheibe. Auf 1 cm Länge kommen 10—13 Autozooide und die Reihen stehen
in einem Zwischenraume von 2 mm.

Die Siphonozooide sind sehr zahlreich und deutlich und wie immer kreisförmig um
die Autozooide geordnet. Die Öffnungen der letzteren messen 0,5 mm im Durchmesser.

Die Rindenspicula behalten dieselbe allgemeine Form bei, aber sie sind grösser als
in den vorher besprochenen Arten. Ihre Gröfse ist 0,456, 0,342, 0,266, 0,19, 0,095 mm,
bei einer Breite von 0,076, 0,038 mm. Sie sind mit kleinen, konischen Warzchen bedeckt.

Die Spicula des Basalteils des Coenenchyms sind identisch mit denen der oberen
Region. Sie haben die Gestalt von bald geraden, bald schwach gebogenen, mit dicken, mehr
oder weniger verzweigten Warzen bedeckten Spindeln; sie sind 0,76, 0,855, 0,988, 0,47 mm
lang und 0,133, 0,152, 0,247, 0,114 mm breit. Andere sind mit diesen in der Form identisch, messen aber nur 0,171 mm in der Länge und 0,038 mm in der Breite. Andere
endlich sind diesen ähnlich, besitzen aber nur einige kleine, konische Warzen; ihre mittlere
Gröfse ist 0,437 mm zu 0,076 mm.

Die Spicula der Scheibe sind lange und enge Nadeln, die in einer Entfernung von
0,057 mm kleine, konische Warzen tragen, die nie länger als 0,01 mm sind. Diese Spicula
stehen nebeneinander und messen in der Länge 0,703 mm, in der Breite 0,038 mm.

Im Alkohol ist die Farbe dunkelbraun.

Die Kolonie ist auf einer Steinkoralle befestigt.

6. *Sarcophytum trocheliophorum* Marenz. var. *moluccanum* n. var.

Das vorliegende, dieser Art zuzurechnende Exemplar mifst in der Höhe 50 mm, in
der Breite 75 mm.

Der Stamm ist kurz, seine Höhe ist 20 mm, sein Durchmesser 15 und 20 mm; er
ist leicht gefaltet, hart, rauh anzufassen und von höckerigem Aussehen.

Die Scheibe ist dick, nicht sehr weich und überragt beträchtlich den Basalteil. Sie
treibt seitlich fingerförmige Verlängerungen, deren Ränder nach der inneren Oberfläche
führen. Hierdurch kommt es, dafs die obere Fläche der Scheibe und ihrer Verlängerungen

gar nicht gefaltet ist, während der mittlere und untere Teil dieser letzteren von einer tiefen, aber engen Furche durchzogen wird. Zwischen diesen Verlängerungen biegt sich der Scheibenrand auf dem oberen Teil des Stammes zurück. An dem Exemplar, das wir vor uns haben, sind sieben solcher Verlängerungen vorhanden.

Die Scheibe mißt 65 mm in der Länge und 45 mm in der Breite; jede der fingerförmigen Verlängerungen hat im Mittel eine Länge von 10—15 mm und eine Breite von 15—20 mm, ihr Ende ist abgerundet.

Die Antozooide sind nicht in das Innere ihrer Holde zurückgezogen; sie messen in der Länge 4—5 mm bei einer Dicke von 1—1,5 mm, sind gleichmäßig auf der oberen Fläche der Scheibe angeordnet, ebenso wie auf den Verlängerungen und den Rändern dieser letzteren. Die Reihen sind regelmäßig und stehen in einer Entfernung von 3 mm auf 1 cm Länge.

Die Siphonozooide sind sehr zahlreich, aber wenig deutlich und stehen im Kreise um die Öffnung der Antozooide; jede dieser Öffnungen mißt 0,5 mm im Durchmesser.

Die Rindenspicula sind von schwankender Größe und Gestalt, bald sind es kleine, sehr kurze, mit kleinen Wärzchen besetzte Körperchen, die in der Länge nur 0,095, 0,152 mm und in der Breite 0,03, 0,038 mm messen, oder kleine Keulen, die 0,152 mm lang und an ihrem breiten Ende 0,038 mm dick und mit Wärzchen besetzt sind; oder endlich sind es dicke Spicula, die eine Länge von 0,247 mm und eine Breite von 0,076 mm erreichen.

Die Spicula des Basalteils des Stammcoenenchyms haben eine einzige Hauptform. Es sind kleine, dicke, nicht sehr lange, vollständig mit dicken, höckerigen oder gezackten Wärzchen bedeckte Körperchen, deren Enden gewöhnlich verbreitert sind; sie haben im Mittel eine Länge von 0,304, 0,457, 0,548 mm, eine Breite von 0,133, 0,162, 0,19 mm. Die Warzen erreichen einen Durchmesser von 0,076 mm.

Die Spicula des oberen Teils des Stammcoenenchyms sind identisch mit denen der Basis. Die kleinsten tragen konische, ziemlich weit auseinander stehende Wärzchen; bei diesen letzteren sind die Enden gewöhnlich spitz. Die Wärzchen haben einen Durchmesser von 0,057 mm. Die Spicula des Coenenchyms der Scheibe sind ganz verschieden von den vorhergehenden; es sind längliche, nadelförmige Körperchen, die an ihren Seiten wenige, kleine, konische Wärzchen tragen. Diese Spicula können manchmal an einem ihrer Enden gabelförmig gestaltet sein, während das andere spitz ist; oft sind sie auch umgebogen. Sie messen im Mittel 0,38, 0,475 mm in der Länge und 0,05 mm in der Breite.

Im Alkohol ist die Farbe des Stammes der Scheibe und der Polypen einfarbig dunkelbraun.

Tafelerklärung.

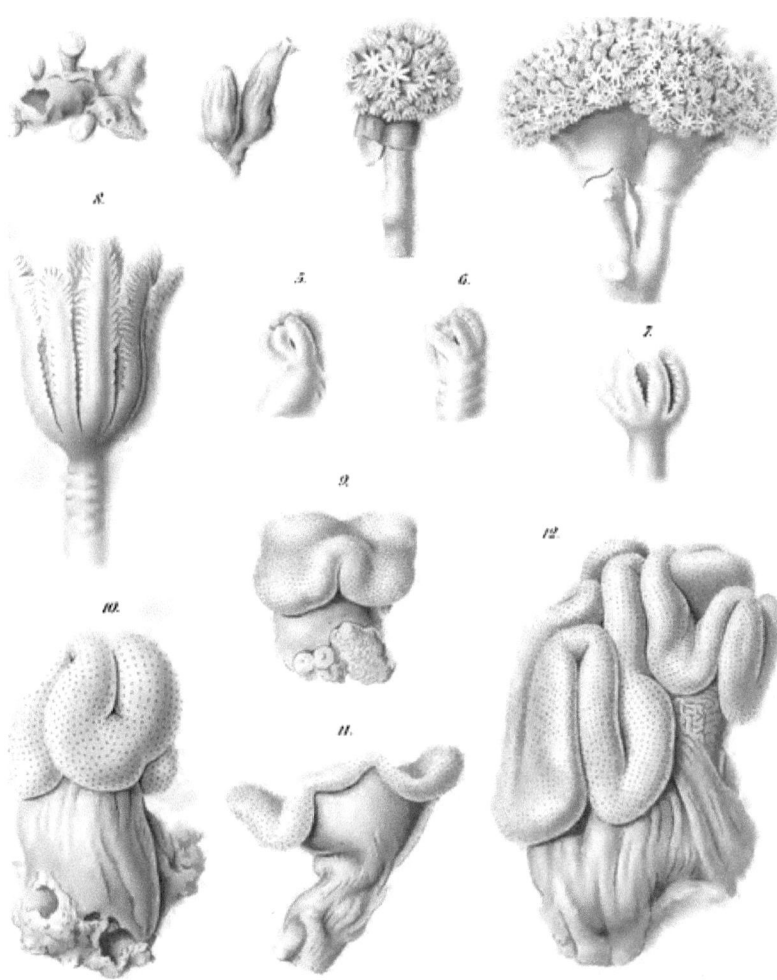

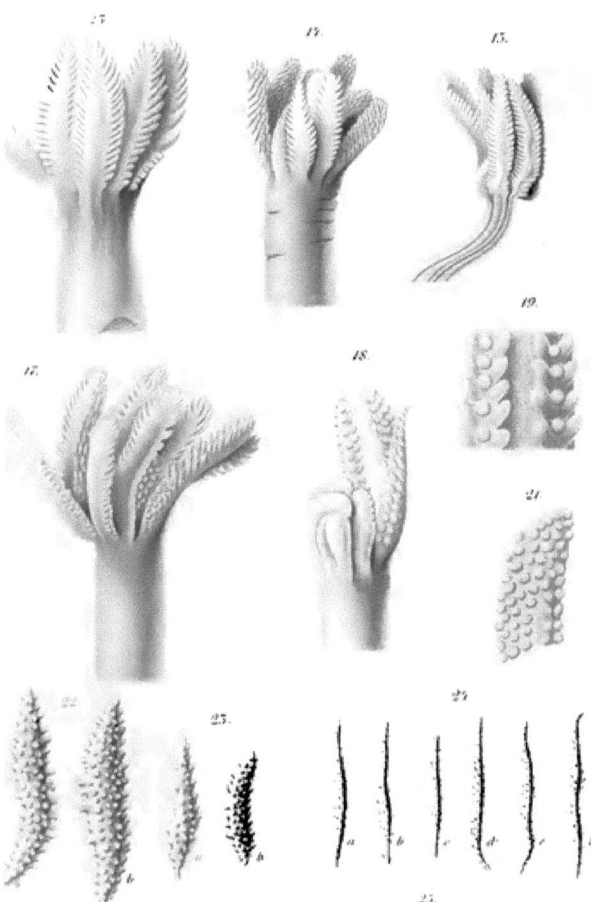

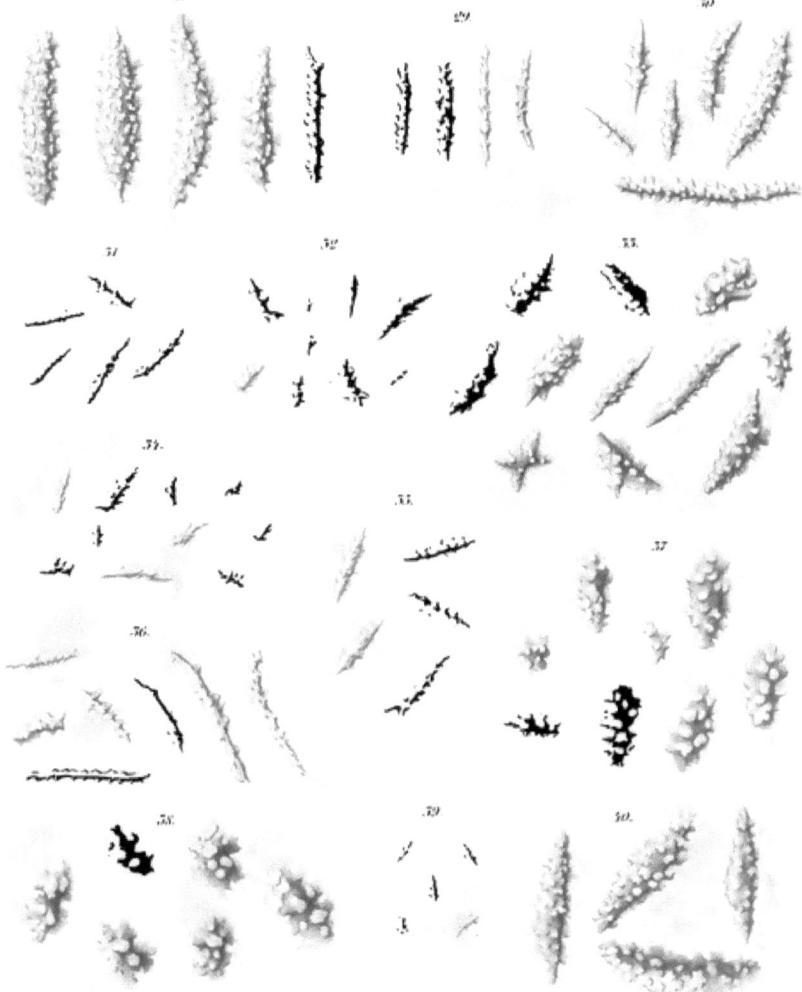

Jahr	Band	Heft	Tafeln	Seitenzahl	Inhalt	Preis Mk.	Bemerkungen
1894	XVIII.	2	11	125	. . . .	15.—	
			1	145—166	Ihering, Die Süsswasser Bivalven Japans	3.—	
			9	167—208	Engelhardt, Flora aus den unteren Palatinenschichten des Caplagrabens bei Podvin	7.—	
			1	209—270	Thost, Mikroskopische Studien an Gesteinen des Karabagh-Gaus (Armenisches Hochland)	2.—	
		3	6	93		9	
			1	271—288	Simroth, Über einige Aetherien aus den Kongofällen . .	2.—	
			2	289—308	Simroth, Beiträge zur Kenntnis der portugiesischen und der ostafrikanischen Nacktschneckenfauna	2.50	
			2	309—350	Möbius, Australische Süsswasseralgen II	2.50	
			1	351—364	Andreae, Beiträge zur Kenntnis der fossilen Fische des Mainzer Beckens	2.—	
1895		4	6	89		12.—	
			6	367—455	Heider, Karl, Beiträge zur Embryologie von Salpa fusiformis Cuv.	12.—	
	XIX	1	15	64		10.—	
			9	1—48	Engelhardt, H., Über neue Tertiärpflanzen Süd-Amerikas	7.—	
			6	49—64	Reis, Otto M., Illustrationen zur Kenntnis des Skeletts von Acanthodes Bronni Agassiz	3.—	
		2	13	152		36.—	
1896				65—216	Weigert, Carl, Kenntnis der normalen menschlichen Neuroglia	36.—	
		3	6	96		9.—	
			4	217—280	Leydig, F., Zur Kenntnis der Zirbel und Parietalorgane .	6.—	
			2	281—312	Simroth, Über bekannte und neue Urocycliden	3.—	
		4	4	76		10.—	
			4	313—388	Edinger, Ludwig, Untersuchungen über die vergleichende Anatomie des Gehirns. III. Neue Studien über das Vorderhirn der Reptilien	10.—	
					Band XX und Band XXI erscheinen später.		
	XXII.		71	334		53.—	
			67	1—321	Kükenthal, Willy, Reisebericht. Ergebnisse einer zoologischen Forschungsreise in den Molukken und Borneo	50.—	
			4	323—334	Kükenthal, Willy, Über Alfurenschädel von Halmahera .	3.—	

54